作りたい花が選べるお花図鑑付き

ペーパーフラワーと
スクラップブッキング

監修・一般社団法人 日本ペーパーアート協会®

はじめに

「ハンドメイド作品は自己肯定感を構築し、思い描いた未来デザインを手に入れることができる」

本書を手に取っていただき本当にありがとうございます。代表理事の栗原真実です。

ペーパーフラワーアートは最近のハンドメイドではなくて、非常に歴史あるカルチャーだということをご存知の方はどれくらいいらっしゃるでしょう。
日本だけでなく世界的に見ても、ペーパークラフトの分野の中で、フラワーをモチーフにした作品作りは非常に歴史ある分野です。

本書では、
「未来の子どもたちが夢を描き、自信に満ちあふれ、笑顔いっぱいで過ごすヒント」として、協会理事2名の前田京子と友近由紀によるデザイン企画、協会トップクラスの講師による作品制作、総監修として栗原真実が、一般社団法人日本ペーパーアート協会の5年間の集大成をこの4冊目の本に詰め込みました。

本来協会の講師認定講座のテキストの中にあり、門外不出ともいえる技術の集大成となっておりますが、これはより多くの方に日本の伝統文化のひとつでもあるペーパーフラワーアートを日常に取り入れていただきたいとの熱い想いを形にいたしました。

　まずは簡単なものからチャレンジしていただけたらうれしいです。

　なお、掲載作品の型紙をはさみで切り取ることが難しく感じる方は、同じ形のクラフトパンチも協会のネットショップで販売しております。
　また、掲載作品が作れるキットもご用意しておりますので、ぜひそちらもご覧ください。

本書の型紙は以下のアドレスからダウンロードできます（※要登録）。また、動画で見る「ペーパーフラワーアート」を見ることができます。

1. 型紙ダウンロード
2. 動画で見る「ペーパーフラワーアート」
アクセスサイト https://book4.paper-crafter.jp/

ペーパーフラワーと
スクラップブッキング

はじめに ———————————————————— P.3

❧ PART 1　ペーパーフラワーの基本

基本の道具 ———————————————————— P.8
基本の材料 ———————————————————— P.9
基本テクニック1　紙を切る、折る、貼る ———————— P.10
基本テクニック2　お花の作り方 —————————— P.11
花びらの巻き方一覧 ——————————————— P.12
基本テクニック3　クイリング技法を使う ——————— P.14
基本テクニック4　着色、ポップアップ、葉 —————— P.16

❧ PART 2　ペーパーフラワーで華やかに演出

春色のクレッセントスワッグ ———————————— P.18(P.19)
夏色のフレームアレンジメント ——————————— P.20(P.21)
秋色のフラワーリース —————————————— P.22(P.23)
シャビーシックなトピアリーとミニテーブルフラワー ——— P.24(P.25-26)

CONTENTS

お花でいっぱいのウェルカムボード＆フラワータワー ———— P.27(P.28-29)

ナチュラルフラワーブーケ ———— P.30(P.31)

ブック型イーゼルカード ———— P.32(P.33)

お花のカップケーキの小物入れ ———— P.34(P.35)

カーテンガーランド ———— P.36(P.37)

ひまわりのボックス型カード ———— P.38(P.39)

ミニバラの壁掛け ———— P.40(P.41)

多肉植物のフレーム ———— P.42(P.43)

南国風ウッドフレームアレンジメント ———— P.44(P.45)

アコーディオンミニアルバム ———— P.46(P.47)

ペーパーロゼッタのHALLOWEENリース ———— P.48(P.49)

クリスマスツリー ———— P.50(P.51)

クリスマスの壁掛けソックス ———— P.52(P.53)

羽子板アレンジメント ———— P.54(P.55)

ワインボトルの花飾り ———— P.56(P.57)

Column ベビー誕生のお祝いプレゼントボックス ———— P.58(P.59)

※(　)内は作り方。

✦ PART 3　幸せのあの時をスクラップブッキング

ベビー誕生スクラップブッキング ——————— P.62(P.64)

メモリーボックス ——————————————— P.63(P.74)

ウエディングスクラップブッキング ——————— P.66(P.74-75)

ハロウィンスクラップブッキング ———————— P.68(P.75-76)

クリスマススクラップブッキング ———————— P.69(P.76)

子どもたちのお祝いスクラップブッキング ———— P.70(P.76-77)

七五三スクラップブッキング —————————— P.71(P.77)

ウクレレのプレゼントボックス ————————— P.72(P.73)

パーティースクラップブッキング ———————— P.78(P.78)

※（　）内は材料。

花図鑑 ———————————————————— P.80

型紙 ————————————————————— P.86

おわりに ——————————————————— P.95

PART 1
ペーパーフラワーの
基本

基本の道具

楽しくて、華やかなペーパーフラワー作りを楽しむ道具を紹介します。

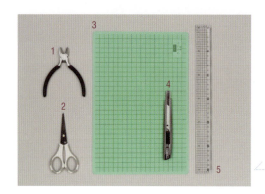

切る道具

型紙や作品用の紙を切る道具です。クラフト用の先のとがったハサミがあると細かい作業をするときに便利です。紙をまっすぐに切る場合は、カッターマットの上で定規をあててカッターでカットします。ニッパーはワイヤーを切るときに使用します。

1 ニッパー　2 ハサミ　3 カッターマット　4 カッター　5 定規

紙にカーブや折り目をつける道具

本書では紙にカーブをつけるために目打ちを使用していますが、丸箸でも同様にできます。花びらや葉に脈をつけるのにピンセットを使います。鉄筆で葉脈を描くこともでき、専用のマットや、フェルト製のマットの上で描きます。ヘラは厚紙を折るときに使うと便利です。

1 丸箸　2 鉄筆　3 クイリングツール　4 ピンセット　5 目打ち
6 丸ヤットコ　7 ヘラ　8 フェルト製マット

紙を貼る道具

紙用の接着剤で乾くと透明になるタイプを使います。ノズルの先端が細いタイプがおすすめ。接着面に凸凹を作らず貼り合わせるには両面テープやテープ糊が便利。グルーガンは凸凹したものやプラスチックなども簡単に貼りつけられます。

1 紙用ボンド　2 テープ糊　3 両面テープ　4 グルーガン

着色や書く道具

型紙を写すための鉛筆ほか、花びらを着色するための色鉛筆や絵の具を用意しましょう。絵の具を塗ったりぼかしたりには、ファンデーション用のスポンジが便利。綿棒も色鉛筆をぼかすのに使用します。また、スクラップブッキングでタイトルやコメントを書くときに、カラーのサインペンがあると便利です。

1 鉛筆　2 消しゴム　3 綿棒　4 ファンデーション用スポンジ
5 サインペン　6 色鉛筆　7 絵の具

型を抜く道具ほか

穴あけパンチやホチキスもあると便利です。日本ペーパーアート協会（http://paper-art.jp）で監修したクラフトパンチを使うと、ハサミで切る手間がはぶけて便利です。花びらや葉の型のパンチがあります。

1 穴あけパンチ　2 ホチキス　3 クラフトパンチ

基本の材料

ペーパーフラワーやスクラップブッキングは紙が主役。さまざまな紙があるのでお気に入りを探してください。

紙

基本の材料は紙。文房具店で市販の色画用紙やタント紙、マーメイド紙などお好みのものを用意します。お花作りに使う紙は、薄めのペーパーが適しています。スクラップブッキングなどには、パターンペーパー（柄の紙）、マスキングテープ、リボンなども使って楽しく作りましょう。

1 リボン　2 マスキングテープ　3 パターンペーパー　4 色画用紙

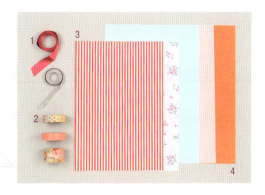

パール・ビーズ・レースリボン

花芯にはビーズ類がぴったり。ボンドで貼りつけるだけでかわいらしい花芯に。レースリボンもスクラップブッキングの装飾にかかせません。

1 パールブレード　2 レースリボン　3 半パール、ビーズ

地巻きワイヤー・紙粘土

ワイヤーに緑や茶色の紙が巻いてある地巻きワイヤーは花の茎に使用します。また、カラーやアンスリウムなどの花芯には、紙粘土を着色したものを使います。

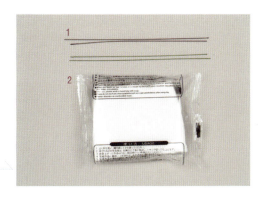

1 地巻きワイヤー　2 紙粘土

基本テクニック1
紙を切る、折る、貼る

紙に型紙を写して切る

1 型紙をコピーして切る
本書のP.86〜P.94に型紙が掲載されているので、必要な型紙をコピーして、線のとおりに切る。厚紙にコピーすれば、何度でも使える。

2 鉛筆で写す
型紙を作品用の紙にのせて写す。色の濃い紙に写す場合は、白い色鉛筆などを使うとよい。

3 線のとおりに切る
線上、または線より少し内側を切る。少し慣れてきたら、紙を二つ折りや四つ折りにしてまとめて切ると効率がよい。

紙をきれいに折る

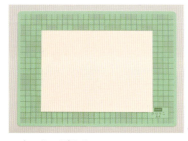

1 表になる面を上に
表にしたい面を上に向けて、カッターマットなどの上に置く。

2 筋をつける
まっすぐに折る場合は、折りたいところに定規をあて、鉄筆やヘラなどで筋をつける。カーブしている場合は鉄筆などでなぞるように筋をつける。

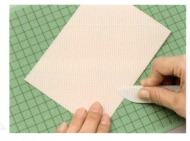

3 折り目をしっかりつける
厚い紙の場合は、折り目をヘラでなぞって、しっかりつける。

紙を貼る

チューブタイプの接着剤
木工用や紙用の乾くと透明になるタイプがベスト。ノズルが細いほうが使いやすい。

両面テープ、テープ糊
平面の紙を貼り合わせる時など、表面に凸凹ができないようにしたい場合に便利。

グルーガン
専用の器具でスティック状の樹脂を溶かして接着する。ペーパーフラワーを凸凹のあるものに貼る場合に便利。

基本テクニック2
お花の作り方

花びらのカーブのさせ方

内側にカーブさせる

1 目打ちを内側にあてる
花びらを折り上げ、つけ根の内側に目打ちや丸箸などをあて、人差し指とで紙を挟む。

2 円弧状にカーブさせる
花びらを軽くひっぱりながら、内側に円弧状に目打ちをすべらせ、カーブをつける。

外側にカーブさせる

1 目打ちを外側にあてる
花びらを折り上げ、つけ根の外側に目打ちや丸箸などをあて、親指とで紙を挟む。

2 円弧状にカーブさせる
花びらを軽くひっぱりながら、外側に円弧状に目打ちをすべらせ、カーブをつける。

筋を入れる

1 ピンセットで挟む
ピンセットの端が花びらの真ん中に来るように挟む。

2 挟んだまま折る
ピンセットで挟んだところを指で折り曲げる。

U字にカーブさせる

1 目打ちを花びらの端にあてる
カーブさせたい花びらの先を自分のほうに向けて、目打ちや丸箸などを花びらの端にあてる。

2 逆側にすべらせる
目打ちを指に強く押しあてながら逆側にすべらせる。

花の貼り重ね方

2枚を重ねる
ボンドを片方の花の中心につけ、1枚目の花びらと2枚目の花びらの先が互い違いに出るように貼る。

3枚を重ねる
花びらの先が順に出るように、少しずつずらして貼る。

4枚を重ねる
まずは2枚ずつ互い違いに重ねて貼り、2組をバランスよくずらして貼り重ねる。

花びらの巻き方一覧

花図鑑や作り方ページでは、このページのカーブのさせ方をもとにお花を作っていくので、内側カーブ、外側カーブ、U字カーブ、筋入れを最初にしっかり覚えておきたい。
基本的な目打ちの使い方については、11ページを参照。

外巻き 外側カーブ

内巻き 内側カーブ

斜め外巻き 外側カーブ

斜め内巻き 内側カーブ

左右斜め外巻き 外側カーブ

左右斜め内巻き 内側カーブ

U字巻き U字

逆U字巻き 外側U字

S字巻き 内側・外側カーブ

逆S字巻き 内側・外側カーブ

谷折り 筋入れ

山折り 逆から筋入れ

谷折りしてから左右外巻き 山折りしてから左右内巻き 波形巻き

逆波形巻き いろいろな巻き方

いろいろな巻き方を使ったお花の例　　　　　　　　　　　　重ね合わせると

U字巻き、逆U字巻きを交互に使ったお花の例　　　　　　　重ね合わせると

基本テクニック3
クイリング技法を使う

タイトサークルを作る

1 端をピンセットで挟む
細く切った紙の端をピンセットで挟む。クイリングツールを使う場合は、溝に紙を差し込む。

2 紙を巻く
紙をくるくると巻いていく。

3 端を糊づけする
最後まで巻き終わったら、端をボンドでとめる。お花に高さを出すためのポップアップツールとしても使える。ポップアップツールとして使う場合は、まん中の空洞を広くしてもよい。

シングルフリンジの花芯を作る

1 紙を細長く切る
作りたい花芯の大きさに合わせて紙を細長く切る（長さや幅は、それぞれの作り方ページに記載）。

2 切り込みを入れる
上数mmを残し、端から細かく切り込みを入れていく。紙を半分に折って、2枚一緒に切ると効率がよい。

3 ピンセットやクイリングツールで巻いていく
ピンセットやクイリングツールを使い、端からクルクル巻いていく。

4 端を糊づけする
巻き終わりをボンドでとめる。

5 ドーム状に開く
指でしごくように、ドーム状に開く。

6 完成
5のままでもよいが、底を指で押し上げて、丸みをもたせてもかわいい。その場合は、裏側にボンドをたっぷりつけて固める。

ダブルフリンジの花芯を作る

1 紙を細く切る
作りたい花芯の大きさに合わせて紙を細長く切る(長さや幅は、それぞれの作り方ページに記載)。

2 半分に折る
鉄筆などで筋をつけてから、紙を半分に折る(P.10参照)。ヘラを使いきれいに折る。

3 輪のほうに切り込みを入れる
上数mmを残し、輪のほうに細かく切り込みを入れていく。

4 ピンセットやクイリングツールで巻いていく
ピンセットやクイリングツールを使い、端からクルクル巻いていく。

5 端を糊づけする
巻き終わりをボンドでとめる。

6 ドーム状に開く
指でしごくように、ドーム状に開く。底を指で押し上げて、丸みをもたせてもかわいい。

Column 花芯のいろいろ

花芯のフリンジは、花によってはダブルにしたり、色づけしたりします。
また、フリンジ以外にも、ビーズを貼りつけたり工夫して楽しみましょう。

花びらの型紙で作った花芯の中央に黒いパールを貼る。

白い紙の上部にだけ黄色く着色したフリンジ。目打ちなどで軽く内側にカーブさせる。

ダブルフリンジの花芯。

基本テクニック4
着色、ポップアップ、葉

花びらの縁や中心などに他の色をぼかし入れる

花びらの縁に絵の具をつける
絵の具やアクリル絵の具をファンデーション用のスポンジにつけ、外側に向かって軽くこするようにする。

中心に絵の具で色をつける
絵の具やアクリル絵の具をファンデーション用のスポンジにつけ、軽くたたくようにつける。つける前に余分な絵の具は落としておく。

花びらの縁を色鉛筆で塗る
色鉛筆で花びらの縁をグラデーション状に塗り、綿棒でぼかす。

花や文字プレートなどをポップアップさせる

クッションテープや専用シールで
市販でポップアップ専用のシールが売られている。またクッション性のある両面テープがあれば、文字プレートの高さを出すのに便利。

厚紙を重ね貼り
厚紙を貼り重ねれば、ポップアップ専用シールなどの代わりになる。

クイリングのタイトサークルを使う
クイリングテクニックでタイトサークルを作り（P.14参照）、花の裏側に貼って高さを出す。

葉脈の入れ方とカーブのさせ方

ピンセットで折る
葉の中心線をピンセットで折ってから、葉脈を入れたいところをピンセットで挟み、指で折り曲げる。

鉄筆で描き入れる
葉の中心線をピンセットで折ってから、エンボス用マットやマウスパッドの裏側、フェルトなどの上で、中心線から斜め外側に葉脈を描き入れる。

左右にカーブさせる
葉脈を入れたあと、ピンセットで左右に軽くカーブを入れてもよい。

春色のクレッセントスワッグ

ピンクやオレンジの春色でまとめた壁飾り。
クレッセントとは三日月形のこと。
壁にかけたり、ドアにかけたり楽しんで。

春色のクレッセントスワッグの作り方

材料

● 紙
厚紙　27cm×14cm　　淡ピンク　A4 1枚
薄茶　A4 2枚　　　　クリーム色　8cm×5cm
薄オレンジ　A4 2枚　　淡ミントグリーン　A4 2枚
薄ピンク　A4 2枚　　　薄緑　A5 1枚
淡オレンジ　A4 2枚　　薄よもぎ色　A4 1枚

● 紙以外
ベージュのリボン　幅24mm×65cm×2本

1 お花を作る

1 **シャクヤク**　**型紙7**(160%拡大)、**型紙2-1**(140%拡大)　薄茶紙、薄オレンジ紙、薄ピンク紙各1個　作り方…P.81
2 **カーネーション1**　**型紙4-1**(150%拡大)　淡オレンジ紙2個　作り方…P.81
3 **マーガレット**　**型紙17-1**　淡ピンク紙5個　作り方…P.83
　花芯…クリーム色紙8cm×1cmのダブルフリンジ。
4 **アジサイ**　**型紙14-1**(120%拡大)　淡ミントグリーン紙5個　作り方…P.84
5 **1枚のアジサイ**　**型紙14-1**(120%拡大)　淡ミントグリーン紙　5,6個

2 台紙と葉を作る

①**型紙65**(200%に拡大)を厚紙に写して切る。厚みが足りない場合は、2枚貼り重ねる。両端をテープで補強し、表から裏に向けて目打ちで穴を空けてリボンを通す。穴に通したリボンの端を結んで切り、上でリボン結びにする。

②(**葉1を作る**)**型紙22-1**を130%に拡大し、薄緑の紙で8〜10枚ほど切る。ピンセットで半分に折り、目打ちなどで左右にカーブをつける。

③(**葉2を作る**)**型紙24-1**を、薄よもぎ色の紙で8〜10枚ほど切る。葉の部分を、内巻きや外巻き、斜め巻きにする。

3 お花と葉を台紙に貼る

①(**葉1を貼る**)まずはグルーガンやボンドで葉1を台紙の両端に貼る。

②(**シャクヤクとカーネーションを貼る**)次にシャクヤクとカーネーション、残りの葉1を貼る。

③(**残りの花や葉を貼る**)マーガレットやアジサイのかたまり、アジサイ、葉2ですき間を埋めていく。葉2は、茎が長い場合はカットして貼る。

すき間がなくなったら完成。

夏色のフレームアレンジメント

グリーンと白で、元気な夏のイメージを表現。
窓辺におけば涼し気です。
カラーとトルコキキョウがポイント。

夏色のフレームアレンジメントの作り方

材料

●紙
白　A5 1枚　　　　よもぎ色　A5 1枚
淡黄緑　A4 2枚　　深緑　A5 1枚
黄緑　A4 1枚　　　緑　ハガキ大 1枚
薄よもぎ色　A4 2枚　オリーブグリーン　A5 1枚

●紙以外
窓抜寸法14cm×14cmのフレーム　アクリル絵の具(黄色)
紙粘土 少量　　色鉛筆やアクリル絵の具など(黄緑、薄茶)

1 お花を作る

1　**カラー**　型紙36-1(200%拡大)白紙2個、型紙36-2(200%拡大)白紙1個　作り方…P.83
2　**開いたバラ1**　型紙3-1(130%拡大・160%拡大)　淡黄緑紙　2個　作り方…P.80
　　花芯…オリーブグリーン紙　10cm×1.5cmのダブルフリンジ
3　**トルコキキョウ**　型紙7(150%拡大)　黄緑紙 3個　作り方…P.84
4　**開いたバラ3**　型紙3-1(130%拡大)、型紙2-2　薄よもぎ色紙　2個
　　花芯…よもぎ色紙8cm×1cmのダブルフリンジ　作り方…P.80

2 葉を作る

葉1
①(葉1を作る) 型紙22-1を130%に拡大したものをよもぎ色で3枚切って半分に折り、葉脈を入れてから左右に目打ちなどでカーブをつける。P.16参照。

葉2
②(葉2を作る) 型紙24-2を深緑で10枚前後切り、葉の部分を目打ちなどで内巻きや外巻き、斜め巻きにする。

葉3
③(葉3を作る) 8cm×2.5cmの緑の紙を、目打ちを使ってしごいてカーブを作り、下のほうを写真のように切ってから、両端を貼り合わせる。3個作る。

3 フレームに貼って完成させる

つる
④(つるを作る) 20cm×1.5mmの細長い紙を5本用意し(緑)、丸箸などにクルクル巻きつけてカールさせる。

台紙
①(台紙を作る) オリーブグリーンの紙を15cm×15cmに切ってフレームに入れる。

ポップアップツール
②(ポップアップツールを作る) よもぎ色の紙で10cm×1.5cmを2本切り、ポップアップツール用のタイトサークルを作る(P.14参照)。

③ポップアップツールを開いたバラ1の後ろの中心に貼る。

④(フレームにお花を貼る) 完成写真を参考に、まずはお花をグルーガンで貼っていく。カラーを一番最初に貼る。

⑤(フレームに葉を貼って完成) 葉っぱを紙用ボンドを使ってお花のすき間に貼り入れていき、完成。

秋色のフラワーリース

郷愁をそそるワインカラーやパープルに、
オレンジを差し色した、
ロマンティックなフラワーリース。

秋色のフラワーリースの作り方

材料

●紙
オレンジ　A4 2枚
薄オレンジ　A4 1枚
薄茶　10cm×1.5cm
紫　A4 2枚
黒　10cm×3cm
薄紫　A4 2枚
茶色　10cm×3cm
よもぎ色　A4 2枚
薄黄緑　A5 1枚
深緑　ハガキ大 1枚
薄緑　A5 1枚

●紙以外
枝リース　直径24cm
薄オリーブグリーンのオーガンジーリボン　幅5cm×約120cm

1 お花を作る

1 **バラ**　型紙3-1(180％拡大)　オレンジ紙　1個　(160％拡大)薄オレンジ紙　1個　作り方…P.80
2 **開いたバラ1**　型紙3-1(160％・130％拡大)　オレンジ紙　1個　作り方…P.80
　花芯…薄茶色紙10cm×1.5cmのダブルフリンジ
3 **ガーベラ1**　型紙8-1(140％拡大・等倍)　薄紫　3個　作り方…P.82
　花芯…内側茶色紙10cm×1cmのダブルフリンジ、外側薄紫5cm×1.5cmのダブルフリンジ
4 **ダリア2**　型紙2-1(150％拡大)　紫紙2個　作り方…P.82　花芯…黒紙10cm×1.5cmのダブルフリンジ
5 **アジサイ**　型紙14-1(120％拡大)　よもぎ色紙　7個　作り方…P.84
6 **1枚のアジサイ**　型紙14-1(120％拡大)よもぎ色紙3～5個、薄黄緑で6～8個

2 葉を作る

①(葉1を作る)型紙22-1を深緑の紙で6、7枚切りり、ピンセットで葉脈をつける(P.16参照)。

②(葉2を作る)型紙24-2を薄緑の紙で6、7枚切り、葉の部分を内巻きや外巻き、斜め巻きにする。

3 リースにお花やリボンをつける

①(大きなお花を貼る)だいたいの配置を考え、リースの中央から左右に向かい、グルーガンでアジサイ以外のお花をつけていく。

②(かたまりのアジサイを貼る)大きなお花のすき間を埋めるように、かたまりのアジサイを貼る。

③(葉と1枚のアジサイを貼る)葉と1枚のアジサイを全体的なバランスを整えるように貼っていく。

④(リボンをつける)リースのてっぺんにリボンを結ぶ。壁掛けにする場合は、後ろにワイヤーなどをつけて、フックに引っかけられるようにするとよい。

完成。

シャビーシックなトピアリーと
ミニテーブルフラワー

凍てつく冬に、あえて大人っぽい
グレイッシュな花を飾って、乙女心を演出。
たくさんのお花を貼りつけたトピアリーはおすすめ。

シャビーシックなトピアリーの作り方

材料
◉ 紙
紫 A4 2枚　　赤紫 A4 2枚　　青紫 A4 3枚

◉ 紙以外
花器　上口部が直径8cm　　ブルーのリボン　18mm幅×40cm
割り箸　1本　　オーロラのラインストーン　直径6mm×4個
ペーパークッション　適量　　半パール　直径1cm×4個
紙粘土　2パック

1　2
3　4

1 お花を作る

1 **開いたバラ2**　型紙7(130%)　紫紙　4個　作り方…P.80　花芯…パール
2 **開いたバラ3**　型紙3-1(130%拡大)、型紙2-2　赤紫紙　4個　作り方…P.80　花芯…ラインストーン
3 **アジサイ**　型紙14-1(110%拡大)　青紫紙　10個　作り方…P.84
4 **1枚のアジサイ**　型紙14-1(110%拡大)　青紫紙10個

2 土台を作る

①（土台を作る）紙粘土を直径6〜7cmくらいの球状にする。器にも紙粘土を詰め（見本の器の上口径は8cm）、まん中にまっすぐ割り箸を刺す。球状にした粘土も割り箸に刺す。完全に粘土が固まるまで数日置き、補強のために粘土と花器や割り箸をグルーガンで固定する。

3 お花を貼って完成させる

①（花を貼る）球状の粘土に、1枚のアジサイ以外のお花を貼っていく。すき間があいて白い紙粘土が見えているところは1枚のアジサイで埋める。紙粘土に直接貼ってしまうと埋もれてしまうので、となりの花の花びらに貼るなどして、高さをそろえる。

②（花器の粘土を隠す）花器の紙粘土を市販のペーパークッションで隠す。ボンドなどで貼りつける。紙を細く切るなどして、手作りしてもよい。

③リボンをつける

完成。

Column
トピアリーの上手な飾り方

造花やプリザーブドフラワーでも人気の高いトピアリーをペーパーで作ってみましょう。一つだけで飾るのはもちろん、同じものを二つ作って、飾り棚の左右にシンメトリーに飾るのも素敵です。まん中には額や鏡などを配置すると、優雅な印象になります。
また、春は暖色系、夏はブルー系など、季節によって飾るトピアリーの色を変えてみてはいかがでしょう。グリーンの葉っぱだけのトピアリーもオシャレです。ぜひいろいろ作って楽しんでみてください。

ミニテーブルフラワーの作り方

材料

◉紙
ワイン色　A4 2枚　　薄青　A4 2枚
黒　12cm×2.4cm　　グレー　8cm×2cm
クリーム色　A4 2枚

◉紙以外
花器　上口部が直径7cm　　ライトグレーのラインストーン　直径5mm×2個　　紙粘土　1パック
ゴールドのリボン　34mm幅×約65cm　　半パール　直径1cm×3個　　色鉛筆やアクリル絵の具など(白)

1 お花を作る

1 開いたバラ2　型紙7(150%拡大)　ワイン色紙　2個
　※花びらは白い色鉛筆やアクリル絵の具などで縁をぼかす(P.16参照)。
　花芯…黒紙12cm×1.2cmのダブルフリンジ　作り方…P.80
2 開いたバラ3　型紙3-1(130%拡大)、型紙2-2　クリーム色紙　3個　作り方…P.80　花芯…半パール
3 マリーゴールド　型紙17-1(130%拡大)、型紙17-2(130%拡大で4枚使用)　薄青紙　2個　作り方…P.84
　花芯…グレー紙8cm×1cmのダブルフリンジ+ラインストーン

2 土台を作る

①花器(見本の上口径は7cm)に写真のように紙粘土を詰める。完全に固まるまで数日置き、粘土と花器の境目をグルーガンで固定する。

3 器にお花をアレンジする

①(リボンを貼る)リボンをチョウ結びにし、グルーガンで貼る。

②(お花を貼る)完成写真を参考にお花を貼っていく。すき間があいてしまったときは、フリーハンドで花びらの形を切り、目打ちなどでカーブさせ、すき間に貼り入れる。

完成。

お花でいっぱいの
ウェルカムボード&フラワータワー

結婚披露パーティに来てくれた方へのウェルカムボードと、
お花で埋め尽くされたフラワータワーをご紹介。
バラの花やガーベラ、ジャスミン、アジサイなどふんだんに。

ウェルカムボードの作り方

材料

●紙
- 薄ピンク　A4 2枚
- 濃ピンク　A4 1枚
- 淡ピンク　A4 1枚
- 薄よもぎ色　A4 1枚
- 薄茶　10cm×2cm
- よもぎ色　A5 1枚
- 薄黄緑　A5 1枚
- 薄ベージュ　A5 1枚
- 深緑　ハガキ大 1枚
- 緑　ハガキ大 1枚
- 柄の紙(厚紙)　A4サイズ
- 薄茶　13cm×10cm

●紙以外
- A4用の額
- 4mmパールブレード　約15cm
- 白いレースリボン or シール　40mm幅×21cm
- ベージュのリボン　24mm幅×約70cm
- ハート形のレースペーパー　約14cm幅
- 茶色のワイヤー　22号or24号×1本

1 お花を作る

1. バラ　型紙3-1(150%拡大)薄ピンク紙2個　(130%拡大)濃ピンク紙　2個　作り方…P.80
   ※中心2枚を少し濃い色にするとグラデーションのようになる。完成品の濃ピンクのバラは、2つのうち1つをグラデーションにしている。
2. 開いたバラ3　型紙3-1(130%拡大)、型紙2-2　淡ピンク紙　2個　作り方…P.80　花芯…よもぎ色紙8cm×1cmのダブルフリンジ。
3. ガーベラ2　型紙9-1,型紙9-2　薄よもぎ色紙　2個　作り方…P.82　花芯…薄茶紙10cm×1cmのダブルフリンジ。
   ※裏側に10cm×5mmのタイトサークル(P.14参照)を貼る。
4. 1枚のアジサイ　型紙14-1(120%拡大)　薄黄緑紙6〜7個　よもぎ色紙6〜7個　作り方…P.84
5. ジャスミン　型紙15-1　薄ベージュ紙　ワイヤーに貼ったもの2本　お花のみ10個前後　作り方…P.83

2 葉を作る

葉1

①(葉1を作る)型紙23を使い、深緑の紙で5枚切り、ピンセットで葉脈をつける(P.16参照)。

葉2

②(葉2を作る)型紙34を使い、緑の紙で16〜18枚切る。8cm前後のワイヤー2本を手でカーブを軽くつけ、片方には5枚、もう片方には3枚、葉脈をつけてからグルーガンで貼る。残りの葉にも葉脈をつけておく。

3 台紙に貼っていく

台紙

①(レースとリボン、パールブレードを貼る)台紙にレースリボン(またはレースシール)と結んだリボンを貼ってから、額にセットする。リボンの上にボンドを引いて、少し固まりかけてきたタイミングでパールブレードを貼る。

②(レースペーパーと写真を貼る)型紙64-1(145%拡大)で写真を、64-2(145%拡大)で薄茶の紙を切り貼り合わせる。レースペーパー(丸いものでも可愛い)と写真を台紙に貼る。

③(お花や葉を貼る)だいたいの位置を決めてからお花や葉をグルーガンで貼っていく。ワイヤーのついているお花や葉、大きなお花は先につける。

④最後にアジサイや小さなお花、葉で、全体的なバランスを調整して完成。

フラワータワーの作り方

🌸 **材料**

◉ 紙
薄ピンク A4 5枚	薄よもぎ色 A4 2枚	薄黄緑 A4 2枚
濃ピンク A4 4枚	薄茶色 10cm×4cm	ピンク 9cm×6cm
淡ピンク A4 4枚	よもぎ色 A4 2枚	白 A4 2枚

◉ 紙以外
- 白い丸ボックス　直径9cm、高さ4cm
- 竹ぐし　1本
- 4mmパールブレード　約30cm
- 発砲スチロールの円錐系　底の直径9cm、高さ23cm
- ベージュのリボン　24mm幅×約45cm

1 お花を作る

1. バラ　型紙3-1(150%拡大)薄ピンク紙6個　(130%拡大)濃ピンク紙　8個　作り方…P.80
   ※中心2枚を少し濃い色にするとグラデーションのようになる。完成品の濃ピンクのバラは、8個のうち4個をグラデーションにしている。
2. 開いたバラ3　型紙3-1(130%拡大)、型紙2-2　淡ピンク紙　8個　作り方…P.80　花芯…よもぎ色紙8cm×1cmのダブルフリンジ。
3. ガーベラ2　型紙9-1、型紙9-2　薄よもぎ色紙　4個　作り方…P.82　花芯…薄茶色10cm×1cmのダブルフリンジ。
   ※裏側に10cm×5mmのタイトサークル(P.14参照)を作る。
4. アジサイ　型紙14-1(120%拡大)　薄黄緑紙・よもぎ色紙　それぞれ5～6個ずつ　作り方…P.84
5. 1枚のアジサイ　型紙14-1(120%拡大)　薄黄緑紙・よもぎ色紙それぞれ2～3個ずつ

2 土台を作ってお花を貼る

土台

①(ボックスにパールブレードを貼る)白い丸ボックスにパールブレードを貼る。ポイントはボンドを引いて、少し固まりかけてきたときに貼るとよい。ボックスを使用せずに、お花のタワーだけでも可愛い。

②(クリームを作って貼る)**型紙58**を使い、ボックスの周囲に合う数のクリームを作り、ボンドで貼る(見本は12個使用)。1つのクリームに5枚使用。全て半分に折り、5枚を貼り合わせる。ぴったりはまらなければ、卵型を少し小さく切ったりして調整する。

③(土台を完成させる)円錐の発砲スチロールをボックスにグルーガンで貼りつける。**型紙63-1と63-2**(90%縮小)を使い、写真のようなメッセージカードを作る。ピンクの紙は2枚用意し、6～7cmにカットした竹串を挟むように貼る。最後にリボンを結ぶ部分を残して、てっぺんに刺し、グルーガンでとめる。

④(お花を貼る)お花をバランスよくグルーガンで貼っていく。一番最初に、てっぺんと一番下を貼り、まん中を埋めていく。すき間が目立つ場所は、1枚のアジサイやフリーハンドで切った花びらにカーブをつけて貼り入れる。

⑤リボンを結んで完成。

ナチュラルフラワーブーケ

ユーカリの葉がかわいいブーケ。
花嫁さんハンドメイドの花束でもいいし、
大切な人への感謝の花束でもいい。

ナチュラルフラワーブーケの作り方

材料

● 紙
- オレンジ　A4 2枚
- ベージュピンク　A4 2枚
- 緑　A4 1枚
- 焦げ茶色　12cm×3cm
- 薄オレンジ　A4 2枚
- 深緑　A4 2枚
- 白　A4 2枚
- オレンジ　8cm×8cm
- オリーブグリーン　A5 1枚

● 紙以外
- 緑のワイヤー　22号×25本
- ラッピング用の不織布　約40cm×60cm
- 輪ゴム　1個
- 茶色のワイヤー　22号×7本
- クリームのリボン　18mm幅×約90cm
- 色鉛筆やアクリル絵の具など(白)

1 お花を作る

1. 開いたバラ2　型紙7(150%拡大)　オレンジ紙　2個
   ※花びらは白い色鉛筆やアクリル絵の具などで縁をぼかす(P.16参照)。
   花芯…こげ茶色紙12cm×1.2cmのダブルフリンジ。　作り方…P.80
2. バラ　型紙6-1(160%拡大)　白・ベージュピンク紙(内側2枚)　3個　作り方…P.80(型紙違いで作り方同じ)
3. シャクヤク　型紙7(140%拡大)、型紙2-1(120%に拡大)　薄オレンジ紙　2個　作り方…P.81
4. マーガレット　型紙17-1　ベージュピンク紙　6個　花芯…オレンジ紙8cm×1cmのダブルフリンジ
   作り方…P.83

2 ユーカリを作る

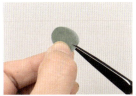  

①(葉を切る)型紙30-1を緑の紙で56枚、30-2を35枚切る。白い色鉛筆やアクリル絵の具などで葉の縁をぼかす(P.16参照)。小さいほうの葉を7枚残して葉に3〜4mmの切り込みを入れる。

②(ワイヤーに葉を貼る)切り込みのない葉の裏側にボンドをつけ、茶色ワイヤーの先に貼る。ボンドが固まったら残りの葉の切り込み部分をワイヤーに差し込みボンドで接着する。1本につき小4枚、大8枚つける。

③(形を整える)ボンドがある程度固まったら、葉の向きを整える。ボンドが完全に固まったら、指で葉に軽くカーブをつける。7本作る。

3 つながった葉を作る

①(葉を切って葉脈を入れる)型紙22-1を130%に拡大したものを深緑の紙で25枚用意し、茎部分をカットし、ピンセットで葉脈を入れる(P.16参照)。葉の下の真ん中に5mmほどの切り込みを入れる。

4 残りの葉を作って、花に茎をつける

   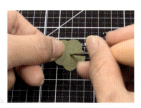

②(ワイヤーに貼る)切り込み付近にボンドをつけて、ワイヤーを挟んで貼る。ワイヤー1本につき5枚つける。

①(葉を作る)型紙22-1をオリーブグリーンで7枚切り、茎部分を切り落とし、裏側にボンドで緑のワイヤーを貼りつけ、ボンドが完全に固まったら、葉を半分に折り、ピンセットで葉脈を入れる。

②グリーンのワイヤーの端を7〜8mmほどペンチなどで直角にまげて、先をくるりとまるめ、輪が上を向くよう直角に倒す。

③型紙57をオリーブグリーンの紙で13枚切り、まん中にワイヤーを通す小さな穴を目打ちであける。

5 花束にして完成

④であけた穴にワイヤーを通す。

⑤ワイヤーを通し、やけどに気をつけながらグルーガンで花の後ろにくっつけて、固まるまで動かさないようにする。全ての花に茎をつける。

①作った花と葉を束ねる。外側にくるものは、ワイヤーを曲げながら束ねる。束ねたらしっかりと輪ゴムでとめ、茎の余分をカットする。

②不織布などでくるんでリボンを結んで完成。

ブック型イーゼルカード

大切な写真を白のお花たちで囲んで、お部屋に飾ります。
ブルーグレーの葉やお花との配色がきれい。
幸せなひとときを表現できます。

ブック型イーゼルカードの作り方

材料

●紙
厚めのペーパー 白　A4 3枚
厚めのペーパー 薄いブルー　A4 2枚
パターンペーパー 薄いブルー　A4 2枚
白 A4 2枚

ブルーグレー　A4 1枚
黄色　ハガキ大 1枚
薄いオリーブ色　ハガキ大 1枚

●紙以外
花形パール　直径13mm×1個
貼りつけパール　直径6mm×14個
リボン 白オーガンジー　1m程度
クッションテープ

1 お花を作る

1 ミニバラ大　型紙1-2…外側2枚、型紙1-3…真ん中2枚、型紙1-4…内側2枚　白紙2個　作り方…P.81
　ミニバラ中　型紙1-3…外側4枚、型紙1-4…内側2枚　白紙1個　作り方…P.81
2 ミニバラつぼみ　型紙1-3…外側1,2枚、型紙1-4…内側2枚　ブルーグレー紙3個　作り方…P.81(1〜4まで)
3 フリルフラワー　型紙4-1…4枚　型紙4-2…4枚　白紙1個　花芯…パール　作り方…P.85
4 マツバボタン　型紙1-3…2枚　白紙3個　花芯…黄色紙7mm×1.5cmのシングルフリンジ　作り方…P.85
5 小花　型紙16-1　ブルーグレー紙5個(花びら外巻き)　花芯…パール

2 葉を作る

①型紙24-1を薄いオリーブ色のペーパーで3枚カットし、葉の中央に折り目を入れておく。

3 ブック型のパネルを作る

①型紙69-1、2、3を200%拡大し、ブック型をカットする。大と小は、白い厚めのペーパー、中はブルーのパターンペーパーを使う。

②ブック型の中央に折り線をつけ、ページ部分にカーブをつける。

③ブック型を重ねて貼る。

4 イーゼルカードの土台を作る

①A4のブルーの厚めの紙を、ブック型の幅にカットし、イーゼル型になるように折り目をつける。

②イーゼルカードの土台に、白いペーパーを貼る。

5 花やリボンを飾る

③ブルーの厚めの紙を細く切り、パターンペーパーやパール、ハートを貼る。クッションテープなどで高さをつけて土台に貼る。

①ブック型パネルを、土台に貼り、フラワー、リボン、葉っぱ、カットしたハートやワード、写真を貼る。

お花のカップケーキの小物入れ

カップケーキのカップにお花を飾って、
テーブルの上を華やかに。
カップの中にはキャンディなど小さなものが詰められます。

お花のカップケーキの小物入れの作り方

材料

●土台の材料（1個分）
直径5cm 高さ4cm 程度のカップケーキ用ペーパーカップ　1枚　　パターンペーパー ギンガムチェック　A4 1枚
少し厚めのペーパー 白　A5 1枚　　リボン クリーム色　10cm程度
クリーム色　A4 1枚　　コピー用紙　A5 1枚

●A：ミニバラのカップケーキ
クリーム色　A4 1枚　　薄いピンク　A4 1枚
ピンク　A4 1枚　　黄緑　A6 1枚

●B：小花のカップケーキ
クリーム色　A4 2枚
貼りつけパール　直径6mm×60個

●C：白いお花と小花のカップケーキ
白　A4 1枚　　ラインストーン青　直径5mm×3個
水色　A4 1枚　　貼りつけパール　直径6mm×30個

1 お花を作る

1　ミニバラ　　型紙1-3　　クリーム色紙6個、ピンク紙5個、薄いピンク紙6個　作り方…P.81　　型紙34　黄緑紙葉5枚
2　アネモネ　　型紙1-2　　白紙1個　花芯…ラインストーン3個　作り方…P.85
3　小花　　型紙1-4　　花びら外巻き　水色小花　30個　花芯…パール1個ずつ
4　マツバボタン　　型紙1-3　　クリーム色紙20個　花芯…パール3個ずつ　作り方…P.85

2 カップとお花を貼る土台を作って完成させる

①底の直径5cm、高さ4cm程度のカップケーキ用のペーパーカップを使う。**型紙54**を200％に拡大し、のりしろなしで無地のペーパーを1枚カットする。のりしろをつけた型紙で、パターンペーパーで1枚カットする。

②①でのりしろをつけてカットしたパターンペーパーを、ペーパーカップの外側に貼る。

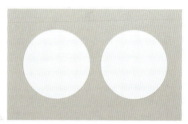

③直径7.5cmの円を、少し厚めの白いペーパーで2枚カットする。

④③でカットした円のうち1枚に、5cm程度にカットしたリボンを貼る。その反対側には、5cm程度にカットし、半分に折ったリボンを、輪になっている方を外側に1cmほど出して貼る。

⑤④で貼った長いほうのリボンの先にボンドをつけ、ペーパーカップの内側に貼る。これがフタになるので、フタがしまりやすいように、長さに余裕をもって貼る。リボンを貼った面が上になる。

⑥①でカットした無地のペーパーを、ペーパーカップの内側に貼る。

⑦A5サイズの薄い紙を、くしゃくしゃに丸めてから一度開き、高さ5mm～7mm程度の円盤型にして、底部分にボンドをつけ、③でカットした円の残りの1枚の上に貼る。

⑧⑦で作ったものの下にボンドをつけ、カップケーキのフタ部分の上に貼る。この上に花を貼って飾る。

完成。

カーテンガーランド

お花や葉をガーランドにしても楽しい。華やかなつる草です。
サーモンピンクのアネモネや、紫色のカーネーション、
小さなかすみ草などなどをバランスよく配置しましょう。

カーテンガーランドの作り方

材料

- ●葉っぱ
  濃い緑　A4 2枚
  オリーブ　A4 2枚
  黄緑　A4 1枚

- ●アネモネ　5個分
  薄サーモンピンク　A4 3枚
  サーモンピンク　A4 2枚
  濃いサーモンピンク　A4 2枚
  貼りつけパール　6mm×15個

- ●開いたバラ5　3個分
  薄ピンク　A4 3枚
  薄オリーブグリーン　A4 1枚
  貼りつけパール　8mm×3個

- ●マーガレット　18個分
  白　A4 2枚
  黄色　A4 1枚

- ●カーネーション　4個分
  薄紫　A4 4枚

- ●かすみ草
  白　A4 2枚
  ラインストーン ゴールド　15個
  地巻きワイヤー　85本

  ひも　2m程度

1 お花を作る

1. アネモネ　型紙1-1, 1-1(140%拡大), 1-2　サーモンピンク紙　5個　作り方…P.85
2. 開いたバラ5　型紙6-1(100%、110%拡大、140%拡大)　薄ピンク紙　3個　作り方…P.81
   花芯…型紙2-3＋黒パール
3. カーネーション2　小　型紙17-1(110%拡大)　薄紫紙　1個　作り方…P.81
4. カーネーション2　大　型紙17-1(140%拡大)　薄紫紙3個　作り方…P.81
5. マーガレット　型紙5　白紙　18個　※2枚カットして花びらを立て、全て外巻き。互い違いに重ねて貼る。
   花芯…5mm×20cmをシングルフリンジ
6. かすみ草　型紙16-1　白紙　15本作り、3本ずつ束ねる　作り方…P.84

2 葉を作る

①型紙26(等倍)(150%拡大)で濃緑8枚、オリーブ8枚、黄緑4枚カット。型紙23(等倍)(150%拡大)同数作る。ピンセットで葉脈を入れる(P.16参照)。

②それぞれの葉の裏に地巻きワイヤーを貼る。

3 花にガクとワイヤーをつける

アネモネ

①型紙12-1でガクを作り、ガクの中央に小さな穴をあけ、先を丸めた地巻きワイヤーを通し、糊づけする。

②花に①のガクを貼りつける(P.31参照)。

マーガレット

③型紙9-4を1枚花弁をカットして端を合わせて貼り、①と同様に地巻きワイヤーを通し、糊づけする。マーガレットにはこのガクを貼る。

4 ガーランドを完成させる

④マーガレットを3〜4本ずつ束ねる。

①葉っぱとお花を並べる順番を決めたら、地巻きワイヤーを巻きつけながらつないでいく。5本作る。5本をつるすひもにとりつける。

②完成。

ひまわりのボックス型カード

グリーティングカードをボックス型にしてインテリアにもなる。
ひまわりやつきみ草など夏の花々でにぎやかに。
お便りを添えて贈りたい。

ひまわりのボックス型カードの作り方

材料

● 紙
- 厚めのペーパー水色　A4 1枚
- 青　A4 2枚
- パターンペーパー ギンガムチェック 青　A4 1枚
- 黄色　A4 1枚
- 濃い黄色　A4 1枚
- 白　A4 1枚
- 黄緑　A4 1枚
- オリーブグリーン　A4 1枚
- 薄い水色　少量
- 茶色　A4 1枚
- 薄茶色　A4 1枚
- 少し厚めのペーパー 白　少量

● 紙以外
- 貼りつけパール　直径6mm×15個
- クッションテープ

1

2

3

1 お花を作る

1 **ひまわり2**　大…**型紙9-1、9-2**　小…**型紙9-2、9-3**　黄色紙大小1個　濃い黄色紙大小1個ずつ
　作り方…P.82　花芯…茶色・薄茶色紙1cm×16cmのシングルフリンジ
2 **つきみ草**　**型紙6-2**　白紙(花びらの中央をピンクでぼかす)　3個　作り方…P.85　花芯…パール
3 **小花**　**型紙1-4**　花びらを外巻き　青紙8個　白紙2個　薄い水色紙1個　花芯…パール

2 カードの土台を作る

① 図のようにカットして折り目を入れる。好みで角を丸くする。

② 折り目通りに折って組み立て、のりしろにボンドをつけて貼る。

③ 同色の紙を1cm×9cmで2本カットする。

④ ③でカットした紙を左右1cmずつ折りのりしろにして、②のボックスの内側に平行に貼る。

3 お花を貼る

⑤ ブルーの紙を6.5×9.5cmに9枚、6.5×12.5cmに1枚、チェックのパターンペーパーを5.5×8.5cmに9枚、5.5×12cmに1枚カットする。角を丸くする場合は9枚カットしたブルーの紙、チェックのパターンペーパーのうち6枚を角を丸くする。残り3枚は角はカットしない。

⑥ ブルーの紙と、チェックのパターンペーパーを重ねてボックスに貼る。

① 茶色の紙0.5×10cmを花の裏に貼り、すべてのお花に茎をつける。

② **型紙25-2、22-2**を黄緑やオリーブグリーンの紙に写してカットし、葉脈を入れる(P.16参照)。図のように茎に貼る。

③ ボックスの下の側面に、茎と葉と小花を貼る。

④ ひまわりや花をバランスを見ながら2-④で貼った横棒に貼りつける。

⑤ 手前のフラップのまん中に、ハートをクッションテープで貼り、その上に文字を書いた紙を貼る。黄緑のハートは四葉のクローバーのように左右のフラップに貼る。

ミニバラの壁掛け

ちっさなバラをかわいく配した丸い壁掛け。
まん中にはお気に入りの写真を飾ります。
ミニバラはピンク、黄色、ブルーと色とりどりに。

ミニバラの壁掛けの作り方

材料

●紙
- 厚紙　A4 3枚
- パターンペーパー ギンガムチェック 青　A4 3枚
- 厚めのペーパー 白　A4 2枚
- パターンペーパー 文字(グレー)　A4 2枚
- ピンク　A4 1枚
- 薄いオレンジ　A4 1枚
- 白　A4 1枚
- 薄紫　A4 1枚
- クリーム色　A4 1枚
- 黄色　少量
- 黄緑　A5 1枚
- ブルー　A5 1枚

●紙以外
- リボン ブルー　3m程度
- クッションテープ
- 細いペン　黒

1 お花を作る

1 **小花**　型紙15　白紙6個　※4枚カットして花びらを立ち上げて外巻きにし、互い違いに重ねて貼る 花芯…パール
2 **ミニバラ**　型紙1-4　薄紫紙2個　ピンク紙3個　ブルー紙2個　薄いオレンジ紙1個　作り方…P.81
3 **マツバボタン**　型紙1-4　クリーム色紙3個　作り方…P.85

2 土台を作る

①直径20cm、18cm、15cmの円を厚紙とブルーのチェックペーパーで、それぞれ1枚ずつカットする。

②厚紙を上から直径15cm、20cm、18cmの順に少し間をあけて並べ、真ん中に両面テープを貼り2cm幅のリボンを半分に折り、貼りつける。

③リボンを貼った厚紙全体にボンドをつけ、カットしたブルーのチェックペーパーをそれぞれのサイズに貼る。

3 土台にお花や写真などを貼って完成させる

④**型紙43-4**を140%、170%、200%に拡大し、白い紙でそれぞれ1枚ずつカット。スカラップサークルに直径14cm、12cm、10cmのカットしたパターンペーパーを貼り、③の上にクッションテープなどで貼る。好みで、円にカットしたパターンペーパーの円周に沿って、細いペンで点線を書く。

①**型紙24-1**で3枚、**型紙35**で6枚の葉を作り(黄緑紙)、折り筋を入れて一番上と一番下のスカラップサークルにお花と葉っぱを配置して貼る。**型紙39**を200%拡大して白、ピンク、ブルーのハートを作り重ねて貼る。文字を書いてカットしたペーパーをハートの上にクッションテープなどで貼る。まん中のサークルに写真を貼って完成。

多肉植物のフレーム

今人気の多肉植物を、ペーパーフラワーでそっくりに。
葉の先を絵の具で彩ると表情豊かになります。

多肉植物のフレームの作り方

材料

● 紙
少し厚めのペーパー ブルー　A4 2枚　　黄緑　A4 1枚　　オリーブグリーン　A4 1枚
茶色　A4 1枚　　　　　　　　　　　　　水色　A4 1枚　　パターンペーパー　お好みの柄　10×14cm 1枚
　　　　　　　　　　　　　　　　　　　　　　　　　　　　ガーランド用にお好みの色数色　各少量

● 紙以外
アクリル絵の具　白　またはジェッソ　　　　　アクリル絵の具　またはインク　赤茶
アクリル絵の具　または　インク　インディゴブルー　　タコ糸　15cm程度

1 フレームと土台を作る

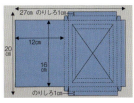  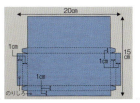 

①図に従って、少し厚めのブルーの紙をカットし、ヘラで折り目をつける。のりしろはすべて1cm。フレームの内側になる部分を、Xにカットする。

②①の×部分を折り線に従って内側に折る。全体を折り線に従って折ってフレームを組み立て、のりしろにボンドをつけて貼る。

③土台用の紙をカットして折り線をつける。

④折り線に従って組み立てる。

2 多肉植物を作る

⑤フレームを土台に貼る。

多肉植物A
①水色の紙で**型紙9-2**で4枚、**2-2**で2枚、**2-3**で3枚カットする。すべて、ブルーの絵の具を薄くつけ、その上から、赤茶色の絵の具を重ねてつける。**型紙9-2**の1枚のみ外巻きし、ほかは内巻きにする。

（Point）絵の具はスポンジにつけ、花弁の先から少しずつ色をつける。

②外巻きにしたものを一番下にし、互い違いに貼り重ねる。2-3でカットしたもののうち1枚は、花びらを1枚ずつ切り離し、根元にボンドをつけ、中央に貼る。

3 他の多肉植物を作る

多肉植物A
③多肉植物Aの完成。

多肉植物B
①オリーブグリーンの紙で、**型紙2-2**で2枚、**2-3**で3枚カットする。花弁の端を白い絵の具で着色する。すべてU字巻きにする。

多肉植物B
②**型紙2-2**の2枚、**2-3**の2枚を互い違いに貼り重ねる。多肉植物Aと同様に、残りの1枚は花びらを1枚ずつ切り離し、根もとにボンドをつけて中央に貼る。多肉植物Bの完成。

多肉植物C
③黄緑の紙で、**型紙2-1**を2枚、**2-2**を3枚カットする。着色はせず、多肉植物Bと同様に作る。

4 鉢植えにする　　5 フレームに飾る

多肉植物C
④互い違いに貼り重ねる。多肉植物Cの完成。

①茶色い紙を、2×10cm、1.5×7.5cm、2×10cmにカットし円柱状にボンドで貼る。のりしろが後ろになるようにして、手前を短くカットする。

②鉢の上の縁にボンドをつけ、多肉植物を置き、貼りつける。

①1.5×3cmの紙でガーランドを作りひもを挟んで貼って飾る。10×14cmにカットした紙の上に写真を貼り、多肉植物を貼って完成。

南国風ウッドフレームアレンジメント

プルメリアやアンスリウムなど、南国の花々をアレンジして、
異国情緒あるフレームに。
葉には熱帯植物のモンステラの葉を。

南国風ウッドフレームアレンジメントの作り方

材料

● 紙
- 薄オレンジ　A5 1枚
- 白　ハガキ大 1枚
- 濃ピンク　A5 1枚
- ピンク　A5 1枚
- よもぎ色　A5 1枚
- 緑　A4 1枚
- 黄緑　6cm×4cm

● 紙以外
- ウッドフレーム　14cm×22cm
- アクリル絵の具(焦げ茶色、黄色、オレンジ)
- 紙粘土　少量

1 お花を作る

1. プルメリア　型紙20(150%拡大)　薄オレンジ紙2個、白紙1個　作り方…P.83
2. モカラ　型紙18-1(180%拡大)、型紙18-2(180%拡大)　濃ピンク紙3個、ピンク紙3個　作り方…P.83
3. アンスリウム　型紙19(200%拡大)　よもぎ色紙2個　作り方…P.83
4. モンステラ　型紙32(190%拡大)　緑紙3枚
※真ん中を折ってから葉脈を入れ(P.16参照)、軽くカーブをつける。

2 ポップアップツールを作る

①(ポップアップツールを作る)よもぎ色の紙で10cm×1cmを5本、10cm×1.5cmを3本切り、タイトサークルを作る(P.14参照)。

②①で作ったものを、グルーガンでお花の裏側に貼る。高さ1cmのものは、アンスリウムと濃ピンクのモカラ1つ、ピンクのモカラ2つに貼り、1.5cmのものは、濃ピンクのモカラ2つとピンクのモカラ1つに貼る。

3 ウッドフレームに着色して葉を貼る

①(14cm×22cmのウッドフレームを用意)市販のウッドフレームをアクリル絵の具などで焦げ茶色に着色する(そのまま使用してもよい)。

4 お花を貼って完成させる

②(モンステラを貼る)絵の具が乾いたら、グルーガンで、まずはモンステラを貼る。

①(プルメリアとアンスリウムを貼る)次にプルメリアとアンスリムを貼る。

②(モカラを貼る)モカラをバランスよく貼る。

③最後に型紙46のチョウを黄緑の紙で切って、羽の部分を少し折り曲げて貼り、完成。

アコーディオンミニアルバム

お花やパターンペーパーで、デコレーションしたミニアルバム。
記念の写真を貼って、プレゼントとしてもいいですね。

アコーディオンミニアルバムの作り方

材料

● 紙
- 厚紙　A4 1枚
- パターンペーパー ピンク花柄　A4 2枚
- 薄いベージュ　A4 7枚
- パターンペーパー 文字　A4 1枚
- 濃いベージュ　A5 1枚
- ベージュ　A5 1枚(3×20cm)
- 薄紫　A4 1枚
- 濃いピンク　A5 1枚
- クリーム色　ハガキ大 1枚
- 黄色　A4 1枚
- グレー　少量
- 緑　ハガキ大1枚
- パターンペーパー お好みの柄　必要量(アルバムの中に好みで貼る分です)
- 少し厚めの紙 白 少量

● 紙以外
- リボン ベージュ　1m程度
- 麻ひも　60cm程度
- アクリル絵の具 白 またはジェッソ
- クッションテープ

1 お花を作る

1. 開いたバラ4　型紙4-1、4-2　薄紫紙　作り方…P.80　花芯…黄色紙シングルフリンジ
2. カンパニューラ　型紙3-2　クリーム色紙2個　作り方…P.85　花芯…1.5×1cmグレーのシングルフリンジ
3. アスター　型紙9-2　濃いピンク紙(白い絵の具で薄く着色)　作り方…P.85　花芯…パール3個

2 ミニアルバムを作る

①厚紙を12×16cmに2枚カットする。ピンクの花柄のペーパーを15×19cmに2枚カットする。

②厚紙の片面に糊をつけ、パターンペーパーを貼る。

③のりしろの角を斜めに切り落とし、ボンドをつけて裏側に巻き込んで貼る。この2枚が表紙・裏表紙になる。

④薄いベージュのA4の紙を、半分にカットする。端に1cmののりしろを取り、半分に折る。これを、6枚作る。

⑤④で作ったもののりしろにボンドまたは両面テープをつけ、6枚をつなぐ。

⑥⑤で作ったものを、表紙と裏表紙で挟むように貼りつける。

⑦蛇腹のページに、好みで、一回り小さく切ったパターンペーパーを貼る。ここに写真などを貼る。

3 表紙を飾る

①表紙のまん中に、長さ80cm程度に切ったリボンを貼る。表紙の左端に、リボンのまん中が来るようにする。

4 完成させる

②10×14cmのベージュ、9×13cmのパターン、7×11cmのベージュ、6×10cmのパターンペーパーをカットし、ハサミの刃などで、紙の端をこすり、ダメージ加工する。大きい順に表紙に貼る。

③型紙56-1でベージュを1枚、56-2で濃いベージュを1枚カットし、重ねて貼る。好きな文字を書き、その上にクッションテープなどで貼る。楕円の裏にもクッションテープなどを貼り、表紙に貼る。

④3×20cmにカットしたペーパーを、ランダムな幅で蛇腹折りにする。表紙の楕円の下のほうに貼る。

①型紙24-1で緑の紙を1枚、型紙22-2で2枚カット。葉脈を入れ、白い絵の具で着色する。麻ひもをチョウ結びにし、花を貼る位置に貼り、花、葉をバランスよく貼って完成。

ペーパーロゼッタのHALLOWEENリース

今日はハロウィン！
「トリックオアトリート！」と、子どもたちがやって来ます。
ペーパーで作ったロゼッタをたーくさん貼ってリースに。

ペーパーロゼッタのHALLOWEENリースの作り方

材料

●紙
- 黒　A4 3枚
- オレンジ　A4 3枚
- 紫　A4 2枚
- パターンペーパー　グレーチェック　A4 1枚
- パターンペーパー　文字　A4 1枚
- パターンペーパー　黄色水玉　A4 1枚
- 少し厚めの紙　30cm×30cm（または12インチ×12インチ）

●紙以外
- 花形パール　黒　直径11mm ×5個
- ボタン　5個

1 お花を作る

1. 型紙9-2　※オレンジ紙で2枚カットし、花びらを折り上げてピンセットで半分に折り互い違いに貼る。花芯…黒パール
2. 型紙5　※花びらを折り上げて外巻きにする。　花芯…黒パール

ロゼッタ用の紙のサイズ一覧
- 7×58cm　黒・オレンジ
- 5×45cm　グレーチェック・パターンペーパー 文字×2枚・黄色水玉
- 4×36cm　紫・グレーチェック・オレンジ・黒
- 3×27cm　黄色水玉×2枚

2 ペーパーロゼッタを作る

①黒・オレンジを7×58cm、グレーチェック・パターンペーパー 文字(2枚)・黄色水玉を5×45cm、紫・グレーチェック・オレンジ・黒を4×36cm、黒・オレンジ(2枚)・黄色水玉(2枚)を3×27cmカットする。

②直径3〜4cmの円をペーパーロゼッタ1個につき2枚カットしておく。

③カットした細長い紙を幅1cm程度の蛇腹に折る。折る前にヘラなどで折り筋をつけておくと折りやすい。

④③の端と端をボンドで貼って輪にする。

⑤輪にしたものを立てた状態で、上の端を内側に向かって倒すように押し込む。

⑥②でカットした丸い紙にボンドをつけ、⑤の中心を押さえるように貼る。完全に乾いたら裏返して裏側にも貼る。

⑦同様にしてカットした紙をすべてペーパーロゼッタにする。

3 土台を作る

厚めの紙で、直径28cm、幅3cmのドーナツ形を作る（大きい紙が無いときはA4の紙をつないで作る）。

4 かぼちゃやハート、文字を作る

①直径6.5cmの円をオレンジの紙でカットし縦の筋とジャックオーランタンの顔を描く。

②型紙39で、ハートをいろいろな色でカットする。ロゼッタの中心に貼る。ロゼッタの中心には、ハートのほかに花やボタンなどを好みで貼る。

③細長く切ったオレンジの紙に文字を描き、一回り大きくカットした黒の紙の上に貼る。丸箸などを使いカーブをつける。

5 土台に飾りつける

①ロゼッタや花、文字を土台にグルーガンで貼りつける。紫の紙を10×14cmに切り、大きめのロゼッタのところに貼り写真を飾る。

クリスマスツリー

白とペールブルーのポインセチアを飾った、グレイッシュなクリスマスツリー。
本体は、手紙風のパターンペーパーに絵の具を塗ってアンティーク風に。

クリスマスツリーの作り方

材料

● 紙
パターンペーパー 文字(ベージュ)　A4 5枚　　ベージュ　A4 2枚
白　A4 2枚　　緑　A4 1枚
ペールブルー　A4 2枚

● 紙以外
リボン クリーム色
糸 60cm程度
貼りつけパール 直径6mm

1 お花を作る

1. **ポインセチア**　型紙11-1(100%、120%拡大、150%拡大)　白紙、ベージュ紙、ペールブルー紙の3色で、特大4個、大3個、中5個、小3個(小はすべて型紙11-2の紙で作る)作り方…P.85
2. **ホーリー**　型紙27-1　緑紙　10枚、型紙27-2　緑紙　24枚　※折り目を入れて、2枚を貼り合わせておく。

2 ツリーを作る

① 型紙73を200%拡大しパターンペーパーで5枚カットする。スポンジに白い絵の具をつけ、ポンポンと軽く着色する。

② 折り目をつけたツリーの裏側に、折り目よりどちらか半分にだけボンドをつけ、別の1枚の裏と貼り合わせる。同様にして、5枚全部を貼り合わせる。

3 オーナメントを作る

① 型紙38-1の星を、120%に拡大し、ペールブルーの紙で5枚カットする。ツリーと同様に、半分に折り目をつけ、5枚貼り合わせる。

②-2 ②-2で作ったツリーのてっぺんに少しボンドをつけ、そこに①で作った星をさす。

③ 型紙38-2、38-3で、白とペールブルーの紙でたくさんカットし、裏にボンドをつけ、2枚の星で糸を挟むようにして貼り合わせる。25cm程度の長さに、大小取り混ぜて糸に星を貼っていく。

④ クリーム色のリボンでチョウ結びしたものを12個作る。

4 飾りつける

① ツリーに、ポインセチア、ホーリー、リボンをバランスを見ながらボンドで貼っていく。ホーリーは、葉を貼ったところに、木の実のようにパールを2個か3個貼る。ガーランドを巻きつけ、糸の端はポインセチアの裏にとめて完成。

畳んでしまえます。

クリスマスの壁掛けソックス

クリスマスツリーとおそろいの壁掛けソックス。
リボンをつけたり、星をつけたり。

クリスマスの壁掛けソックスの作り方

材料

A：ベージュ
ベージュ A4 3枚
白 A4 1枚
リボン クリーム色 50cm程度
貼りつけパール 3個
糸 50cm程度
麻ひも 15cm

B：ブルー
パターンペーパー ペールブルー A4 2枚
ブルー グレー A4 1枚
白 A4 2枚
薄いオリーブ色 A4 1枚
麻ひも 15cm

C：文字柄
パターンペーパー（文字ベージュ） A4 2枚
濃いベージュ A4 1枚
白 A4 1枚
リボン オーガンジー 白 50cm程度
麻ひも 50cm程度
細いペン 黒

1 お花を作る

1 ポインセチア 型紙11-1、11-2 拡大率は各ソックスごとに表示 作り方…P.85
2 ホーリー 型紙27-1

2 ソックスを作る

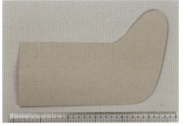  

①型紙74を200％に拡大する。拡大した型紙で、1枚カットする。型紙を裏返しソックスの形を移す。ソックスの上の端以外のところに5mm幅ののりしろをつけてカットする。ベージュのペーパー、スクリプトのパターンペーパー、ペールブルーのパターンペーパーでそれぞれ1組ずつカットする。

②のりしろをつけてカットしたほうは、型紙に沿って、ヘラなどを使って折り筋を入れておく。のりしろのカーブしている部分には、細かく切り込みを入れ、内側に折る。

③のりしろにボンドをつけ、2枚を貼り合わせ、クリスマスソックスを作る。好みで、ペンでステッチのように点線を引く。無地の紙を5×25cmにカットし、1cmののりしろをとり、半分に折り、のりしろにボンドをつけて貼ったものを、ソックスの上の端に貼る。15cm程度の麻紐を半分に折り、端にボンドをつけて貼る。

3 飾りつける

  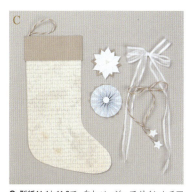

A 型紙11-1を150％、120％に拡大し、白とベージュでポインセチアを1個作る。星の裏にボンドをつけ、2枚の星で糸を挟むようにして大小取り混ぜ、15cm、10cm程度にし、一方の糸の端は、星の中に隠すように貼る。クリーム色のリボンをチョウ結びにする。

B 型紙11-1を150％、120％に拡大したもので、白とペールブルーでポインセチアを1個作る。型紙11-1と11-2で、白とベージュの紙で小さいポインセチアを2個作る。型紙27-1で薄いオリーブ色の紙で葉を4枚作る。

C 型紙11-1と11-2で、白とベージュでポインセチアを1個作る。ブルーのパターンペーパーを3cm×25cmにカットし、ペーパーロゼッタを作る（作り方P.51参照）。50cm程度の麻ひもをチョウ結びにし、端に星を貼る。オーガンジーのリボンをチョウ結びにする。

羽子板アレンジメント

お正月に飾りたい、純和風の羽子板アレンジメント。
梅の花、つばき、松葉、水引きを優雅に飾って。

羽子板アレンジメントの作り方

材料

● **紙**
- 赤　ハガキ大 1枚
- クリーム色　A4 1枚
- 薄よもぎ色　A4 1枚
- 淡ピンク　A4 2枚
- ピンク　A5 1枚
- 焦げ茶色　ハガキ大 1枚
- 緑　ハガキ大 1枚
- 深緑　15cm×7cm
- 薄緑　10cm×3cm
- 厚紙　28cm×13cm
- 黒　A4 2枚
- 柄の紙　17cm×7cm

● **紙以外**
- 水引　赤4本、ベージュ3本
- 紙粘土　少量
- アクリル絵の具（赤）
- 和風ひも　約40cm
- オーロラのラインストーン　直径4mm×11個

1 お花を作る

1. ツバキ　型紙6-1（150%拡大）　赤紙　2個　花芯…クリーム色紙25cm×1.5cmのシングルフリンジ　作り方…P.84
2. ダリア1　型紙9-1（140%・120%拡大）　型紙9-2　薄よもぎ色紙　1個　作り方…P.82
3. シャクヤク　型紙7（160%に拡大）、2-1（140%に拡大）　淡ピンク紙　1個　作り方…P.81
4. 梅　型紙1-4　ピンク紙　花芯…クリーム色紙　枝…焦げ茶紙　作り方…P.84

2 葉を作る

① (葉を作る) 型紙22-1を緑の紙で3枚切り、ピンセットで半分に折って、目打ちなどで左右に軽くカーブをつける。

3 松葉を作る

① (紙に切り込みを入れる) 7cm×5cmの深緑の紙を3枚用意し、上7〜8mm残して1.5mm幅くらいのフリンジに切る。

② (扇状に広げる) 1cm幅くらいに折っていき、ボンドでとめる。ボンドが固まったら少しだけ扇状になるよう、下から広げる。

4 鞠を作る

① (紙の輪を作る) 3mm×10cmの細い薄緑の紙を7、8本用意し、それぞれ目打ちでしごいてカーブをつけてから、5mmののりしろで輪にする。

5 羽子板本体を作って完成させる

② (鞠を完成させる) まずは3枚を写真のように貼り、全体的にバランスよく丸くなるよう、残りを貼っていく。

① (羽子板の形に切る) 型紙72を200%に拡大したものを使い、羽子板の形に厚紙と黒い紙を切る。厚紙の厚みが足りなければ、2枚切って貼り重ねる。

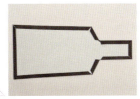

② (黒い紙と厚紙を貼り合わせる) 5-①で切った厚紙とひとまわり大きい黒い紙を用意して貼り合わせ、厚紙からはみ出している部分の角を切り落としたり、切り込みを入れたりして、厚紙をくるむように貼る。

③ (柄の紙を貼る) 柄の紙を17cm×7cmに切り、端を2cm折って、台紙をくるむように貼る。

④ (裏側の処理) 5-①で切っておいた黒い紙を台紙の裏側に貼る。

⑤ (水引を輪にする) 水引を7本まとめて写真のような二重円にしてワイヤーや細く切った紙などでとめて（水引が動かないようボンドもつけておく）端を切る。

⑥ (台紙に貼る) 完成後の配置を考えたあと、まずはグルーガンで水引と梅、葉、松葉を貼る。

⑦ (完成させる) 次に残りの花を貼り、最後に鞠と結んだ和風ひもを貼って完成。

ワインボトルの花飾り

パーティにはワインボトルをお花で飾りましょう。
赤ワインには赤バージョン、白ワインにはブラウンバージョン。
お花の組み合わせも楽しんで。

ワインボトルの花飾りの作り方

材料

花飾りA ●紙
赤　A4 1枚
オレンジ　A4 1枚
薄茶　10cm×1cm
よもぎ色　A5 1枚
深緑　ハガキ大 1枚
茶色　8cm×7cm

●紙以外
クリアファイル　8cm×7cm
ボルドーのリボン　幅18mm×約85cm
緑のワイヤー　24号×1本
ベージュのラインストーン　直径4mm×1個

花飾りB ●紙
クリーム　A4 1枚
紫　A4 1枚
黄色　ハガキ大 1枚
茶色　50cm×1.5cm
深緑　ハガキ大 1枚
薄緑　ハガキ大 1枚
茶色　8cm×7cm

●紙以外
クリアファイル　8cm×7cm
茶色のリボン　18mm幅×約85cm
緑のワイヤー　26号×1本
クリアのラインストーン　直径1cm×1個
茶色のラインストーン　直径5mm×1個

1 お花を作る

A（左）

1　バラ　**型紙3-1**(180%拡大)　赤紙　1個　作り方…P.80
2　マリーゴールド　**型紙17-1**（等倍※4枚使用・130%拡大）オレンジ紙　1個　※花びらの縁は色鉛筆やアクリル絵の具などのクリーム色をぼかす(P.16参照)。　作り方…P.84　花芯…薄茶紙10cm×1cmのダブルフリンジ
3　アジサイ　**型紙14-1**(120%拡大)　よもぎ色紙　1個　作り方…P.84
4　1枚のアジサイ　**型紙14-1**(120%拡大)　よもぎ色紙3個

B（右）

1　バラ　**型紙3-1**(160%拡大)　クリーム色紙　1個　作り方…P.80
2　開いたバラ2　**型紙7**(150%拡大)　紫紙　1個　作り方…P.80　花芯…ラインストーン
3　ひまわり1　**型紙10**(130%拡大)　黄色紙　1個　作り方…P.82
　　花芯…茶色紙50cm×1.5cmのダブルフリンジ+ラインストーン

A

2 葉を作る

①**型紙22-1**を深緑で6枚切り、葉脈をつける(P.16参照)。7cmほどにカットした緑のワイヤーに、葉の茎部分をボンドで巻きつけるように貼る。2つ作る。

3 台紙に貼って完成させる

①クリアファイルを**型紙56-2**でカットする。クリアファイルにグルーガンで、まずは葉を貼り、次にバラとマリーゴールド、アジサイのかたまり、1枚のアジサイを貼る。

②クリアファイルの裏側に、同じ形に切った茶色い紙を貼り、その上にリボンを強力タイプの両面テープで貼りつける。

花飾りAの完成。

B

2 ハートカズラと葉を作る

①ハートカズラは**型紙29-1**と**29-2**を、それぞれ薄緑の紙で8〜10枚切り、赤紫の色鉛筆などで葉の縁をぼかし、小さいほうを4枚残して2、3mmの切り込みを入れる。ピンセットで葉脈をつける(P.16参照)。また、**型紙22-1**を深緑の紙で2枚の葉を作る。

②10cm前後のワイヤー2本、6cm前後のワイヤーを2本用意し、長いほうには5、6枚ずつ、短いほうには3枚ずつバランスよく葉をつける。てっぺんには小さい葉を貼りつけ、残りは切り込み部分にワイヤーを差し込んで、裏をボンドでとめる。

3 台紙に貼って完成させる

①クリアファイルを**型紙56-2**でカットする。ハートカズラは2本ずつワイヤーをねじってまとめておく。クリアファイルにグルーガンで貼っていく。ハートカズラを貼り、次に葉、バラと開いたバラ、ひまわりを貼る。

②クリアファイルの裏側に同じ形の茶色の紙を貼ってから、強力タイプの両面テープでリボンを貼りつけて、花飾りBの完成。

Column
ベビー誕生のお祝いプレゼントボックス

ちっちゃなベビーシューズは、ベビー誕生を心待ちにするママの幸せのイメージ。
プレゼントボックスをお花とベビーシューズでデコレーション。

ベビー誕生のお祝いプレゼントボックスの作り方

材料

● 紙
ピンク　A4 1枚
ベージュ　A4 1枚
濃ピンク　A4 1枚
淡ピンク　A5 1枚
薄茶　ハガキ大 1枚
茶色　10cm×1cm
白　ハガキ大 1枚
極淡ピンク　ハガキ大 1枚
薄ピンク ※厚紙　A4 1枚
ベージュピンク　丸ボックス大、小ともに四つ切り2枚程度

● 紙以外
丸ボックス小　直径15cm、高さ5cm（お花を貼っているボックスはコチラを使用）
丸ボックス大　直径17cm、高さ6cm
ピンクのリボン　丸ボックス小用 1cm幅×約55cm、丸ボックス大用 1cm幅×約60cm
白い半パール　直径7mm×2個、直径1cm×2個
薄茶のラインストーン　直径4mm×1個
レースペーパー　直径14cm
濃ピンクの色鉛筆 または アクリル絵の具

1 お花を作る

1　バラ　**型紙6-1**(160%拡大)　ピンク紙　1個　ベージュ紙　1個　作り方…P.80
2　シャクヤク　**型紙7**(140%拡大)、**型紙2-1**(120%拡大)　濃ピンク紙　1個　作り方…P.81
3　マリーゴールド　**型紙17-1、17-2**　淡ピンク紙　1個
　　※花びらの縁を、濃いピンクの色鉛筆かアクリル絵の具などでぼかす(P.16参照)。
　　作り方…P.84　花芯…7cm×1cmのダブルフリンジ。真ん中に直径4mmのラインストーンを貼る
4　ガーベラ2　**型紙9-2**(※4枚だけで作る)　薄茶紙　1個　作り方…P.82　花芯…茶色紙10cm×1cmのダブルフリンジ。
5　マーガレット　**型紙8-3**　白紙　2個　**型紙8-3**を2枚写して切り、どちらもU字巻きにし、ずらして貼り合わせる。まん中にパールを貼る。
6　1枚のアジサイ　**型紙14-1**(110%拡大)　極淡ピンク紙　5個　作り方…P.84

2 ベビーシューズを作る

①（型紙と紙を重ねて切る）**型紙66-1と66-2**を2枚ずつコピー。型紙を、まずは適当に余白を残してきり、薄ピンクの厚紙も同じくらいの大きさに切る。クリップで2枚を固定して、靴底の切り込み部分以外を切る。

②（切り込み部分を切る）折り線を竹ぐしや鉄筆などでしっかりなぞってから切り込み部分を切る。

③（靴本体を完成させる）折り線を折り、横ののりしろにボンドをつけて輪にする。型紙に書いてある「前中心」「後ろ中心」を参考に、66-2の型紙で切ったものを貼る。靴のベルト部分の先も貼っておく。

▶次ページへ

3 ボックスを飾る

④(リボンを作る)薄ピンクの厚紙を8cm×1cmに切り、目打ちで軽くしごいてカーブさせて輪になるように貼り、2.5cm×5mmの紙で中央をとめる。2.5cm×1cmの2枚の紙の片端を山型に切り、後ろに貼る。リボンとマーガレットを靴に貼る。同じものを左右対称になるよう、もう1つ作る。

①(フタ上面に紙を貼る)フタ上面部分をベージュピンクの紙にあてて写し、1cmほど外側を切る。写した線に合わせて両面テープやボンドなどで貼り合わせ、フタからはみ出ている部分を写真のように切り、ボンドで貼る。

②(フタ横面に紙を貼る)まっすぐに貼り始めても、ずれていく場合があるので、横面の高さよりも2、3倍ほどある紙を、両面テープなどで貼っていき、貼り終わったらはみ出た部分を切る。

③(本体を飾る)本体にフタをし、フタのすぐ下から底までの高さを測り、その幅で紙を切る。本体周囲の2倍近くの紙の長さを用意する。強力タイプの両面テープをフタのすぐ下に一周貼っておく。

④(本体をフリルで飾る)写真を参考に、フリルを作りながら紙を貼っていく。途中紙が終わってしまったら、別の紙を貼っていき、一周させる。

⑤(フリルにリボンを貼る)フリルのフタに近い部分だけしっかり折り目をつけ、両面テープをつけたリボンを一周貼る。

4 フタにお花を貼って完成させる

①(レースペーパーを貼る)フタの上面にレースペーパーを貼る。

②(靴や花を貼る)写真を参考に、グルーガンで靴や花を貼る。アジサイは最後にすき間を埋めるように貼って完成。ボックスは1段だけでもよい。2段にする場合は、一回り大きいボックスを用意する。

完成。

ベビー誕生スクラップブッキング

ちっちゃなあんよとお手てを貼って、記念のスクラップブッキング。
天使のような存在だから、白いお花で包んでみました。
お空に大きく大きく羽ばたいてね。
作り方…P.64

メモリーボックス

1か月、2か月と、ベビーの月齢ごとに写真を収められるボックスです。
赤ちゃんはどんどん成長して、お顔もどんどん変わっていきます。
数か月前をちょっとふり返りたいときに便利。

材料…P.74

ベビー誕生スクラップブッキングの作り方

材料

●紙
パターンペーパー(台紙)2柄…A4×各1枚
厚めの白(雲、葉、ポップアップツール、写真マット、手形足形、タイトル文字)…A4×2枚
白(ミニバラ小、小花、開いたバラ3)…A4×3枚
薄茶(開いたバラ3の花芯)…A5×1枚

オフホワイト(ミニバラ大、バラ)…A4×4枚
薄クリーム色(バラをアレンジ)…A4×2枚
ピンク・黄色・水色(気球)…A4×各2枚
茶色(気球)…名刺サイズ
ピンク・オレンジ・黄色・緑・水色・紺・紫(虹)…A5×各1枚
金(タイトル)…A4×1枚

●紙以外
パール4mm…5個　寄せ書き用の色紙…1枚
紙ひも…5cm

1 お花を作る

1 開いたバラ3　型紙3-1、型紙2-3　白紙　5個　作り方…P.80
　花芯…薄茶色紙7cm×8mmのダブルフリンジ
2 バラ　型紙1-1でオフホワイト紙3個　型紙3-1で薄クリーム色紙5個　作り方…P.80
3 ミニバラ　型紙1-1でオフホワイト紙3個　型紙1-3で白5個　作り方…P.81
4 小花　型紙1-4を白紙で2枚カットして外巻きしてずらして重ねる(10個作る)　花芯…パール

2 色紙のベースを作る

①型紙45で等倍3枚、70%縮小2枚の雲を作る。サイズや紙の質感の違うものを組み合わせてもよい。

②パターンペーパーをカットして、色紙に市松模様に貼る。その上に①の雲をランダムに貼る。

3 写真のマットを作る

①写真より一回り大きくカットしたパターンペーパー、さらに一回り大きい白い紙をカットして写真の下に貼る。

4 気球を作る

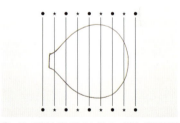

②5mm幅×A4長辺(29.7cm)の紙を巻いてタイトサークルのポップアップツールを作る(p.14参照)。写真の裏側に5個ほど貼る。

①型紙50-4(130%拡大)で、水色、黄色、ピンク各8枚カットして、全て縦半分に折る。

②コピー用紙などに図のように1cm間隔で縦線を引き「●」「★」と交互に印をつける。気球の型を横向きに置いて型を写す。

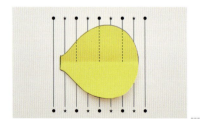
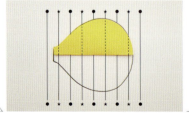

③1枚目を②の型に置き、「●」の線に合わせて、中心の折り目まで、点線部分に糊をつけて貼り合わせる。

④次に「★」の線に合わせて点線部分に糊をつけ、2枚目を貼り合わせる。③、④を繰り返し、ピンク・黄色・水色の順にすべてを貼って立体的な気球を作る。

⑤型紙50-5(130%拡大)で8枚カットし、全て半分に折る。

⑥⑤を写真のように8枚貼り合わせる。

⑦色紙にバルーンを貼り、紙ひも1cm2本を貼ってロープにして、⑥を貼り、気球のカゴにする。左の気球は型紙70%で少し重ねて貼り合わせる。ポップアップツールを作ってバルーン部分を少し浮かせて貼る。ロープはペンで書き、カゴは直貼りする。

5 葉を作る

葉は**型紙22-2、34**を中心を谷折りしてから左右を外巻きにする。枚数はお好みで。

6 虹を作る

①**型紙16-1**の花を外巻きにする。虹色になるよう、7色を各20枚作る。

②図のように①の花を弧を描くように虹色に並べて貼っていく。あいているところに写真を貼る。

7 仕上げる

①手形足形をコピーしたものを切り抜き、ポップアップツールを使って立体的に貼りつける。

②**型紙45**を70%、50%でカットし、名前や身長、体重など書き込みポップアップツールを使って貼る。

③雲をイメージしながら、花を立体的に貼っていく。

④タイトルをつける。A4長辺を使い、文字をプリントしたものを切り出して、ゴールドの紙を一回り大きくカットして貼り合わせ、色紙の裏にとめる。

完成。

ウエディングスクラップブッキング

リボンやレースペーパーを使った、
ピンクの乙女チックなスクラップブッキング。
心に残しておきたい一枚にお花を添えて。
材料…P.74

ブルーでまとめた、こちらのスクラップブッキングもステキ。
さりげない写真も思い出の一枚に。

材料…P.75

ハロウィンスクラップブッキング

かぼちゃのオレンジや、紫色でハロウィンカラーに。
ハロウィンらしく黒いお花も登場。
かぼちゃのランタンの作り方は、p.64の気球の作り方の要領で。
材料…P.75、P.76

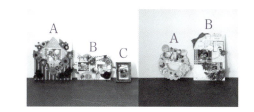

クリスマススクラップブッキング

ポインセチアやひいらぎの葉を飾ってクリスマスらしく。
リース形にしてもかわいい。
葉を白いペーパーで作って雪化粧のイメージにも。

材料…P.76

子どもたちのお祝いスクラップブッキング

親にとっても子どもにとっても、入園入学はほんとうにうれしい。
春の季節の笑顔の輝きをスクラップブッキングに。
春のお花やチョウチョ、くまさんなど、子どもらしいものをチョイス。
材料…P.76-77

七五三スクラップブッキング

子どもの成長を祝い、健康を願う日本の伝統行事。
着物を着た姿を写真に残したいもの。
スクラップブッキングにして飾っておきましょう。

材料…P.77

ウクレレのプレゼントボックス

ウクレレの中に写真やカードを入れてプレゼントに。
南国のお花もたくさん詰めて。
作り方…P.73

ウクレレのプレゼントボックスの作り方

材料　厚めの茶色紙　A4　2枚
　　　　厚紙　16㎝×4㎝
　　　　ナイロン糸　2m
　　　　リボン　35㎝×2本

1 ボディを作る

①型紙71-1を200%拡大したものを2枚写して切り、1枚は71-2部分を抜き、もう1枚は全体を1mmずつ小さくする。

②3.5㎝×29.7㎝（A4長辺）にカットした紙の片側を、スカロップばさみで切り、5mmののりしろにする。4枚作る。

③②の紙ののりしろに糊をつけ、①の穴のないほうに貼りつける。もう1枚も同様に片側に貼りつける。

④穴のあるほうに、②をリボンを挟んで貼りつける。もう1枚も同様に片側に貼りつける。

2 ヘッド部分を作る

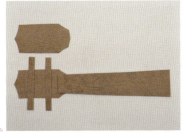

①型紙71-4（200%拡大）で表裏各1枚と、間に挟む厚紙をカットし、3枚を貼り合わせる。

②型紙71-3（200%拡大）で2枚カットして、①で貼り合わせたものを貼り、1.6㎝×7㎝の紙を2枚カットして、半分に折って写真の位置に貼り、挟むように貼り合わせる。

3 弦を貼る

③3mm×29.7㎝（A4長辺）に4本切って、タイトサークル（P.14参照）を作り、写真のように貼る。**型紙71-5**（200%拡大）を8枚切り、タイトサークルの上や左右の棒の上にも貼る。

①5㎝×4㎝の紙を、4㎝の方を半分に折って糊づけし、わの部分に1㎝おきに4か所切り込みを入れる。

②①にナイロン糸をかけてから本体に貼って完成。

お花の作り方は花図鑑をご参照ください。お花の大きさは花図鑑のサイズと異なる場合がありますので、型紙の大きさをご確認の上、調整してください。
また、作品に使われている各パーツの多くの形は型紙ページに掲載しています。

メモリーボックス
Photo…P.63

材料

●紙
- ピンク(開いたバラ3)…A5×1枚
- 薄ピンク(開いたバラ3)…A4×1枚
- 茶色(開いたバラ3の花芯)…ハガキ大×1枚
- 白…A4×1枚
- ※**型紙6-1** 4枚を、S字巻きにして貼り合わせ、パールを貼る。型紙6-2でも同じものを作る。
- 水色…ハガキ大×1枚
- ※**型紙2-2** 2枚をU字巻きにして貼り合わせ、パールを貼る。

- 薄緑(葉)…ハガキ大×1枚
- 厚紙と柄の紙(ボックス用)…15cm×10cm×2枚、10cm×4cm×2枚、15cm×4cm×1枚
- ※15cm×10cmのほうを、**型紙64-2**を140%に拡大したもので窓を作る。
- ※中身は、箱に合わせてカットした厚紙に写真を貼り、パソコンなどで数字をプリントして色画用紙にあて、一緒に切り、写真の紙に貼る。

●紙以外
- プラ板(窓の裏に貼る)…13.5cm×10cm
- パール…3個

ウエディング A
Photo…P.66

材料

●紙
- ピンク(バラ大、写真を貼る紙16cm×11cm、写真のコーナーに貼るハートの紙)…A4×2枚
- 白(**型紙12-2**使用の小花、バラ大、蝶々、文字プレート)…A4×3枚
- 淡ピンク(**型紙12-2**使用の小花)…A5×1枚
- 薄よもぎ色(バラの葉)…A5×1枚
- 薄緑(小花の葉)…A5×1枚

- 厚紙(台紙)…30cm×30cm×1枚
- 柄の紙(台紙用のダマスク柄の紙)…30cm×20.5cm×1枚
- 柄の紙(台紙用の水玉の紙)…30cm×9.5cm×1枚
- 厚紙(円座)…直径20cmの丸形×1枚
- 柄の紙(円座に貼る紙)…直径20cmの丸形×1枚

●紙以外
- 円座のポップアップ用スポンジまたは厚紙…適量
- チュール…18cm×18cm×2枚
- チュール…7cm×50cm×1枚
- 白いストライプのリボン…25mm幅×約60cm×1本
- ピンクのリボン(台紙に貼るリボン)…1〜2cm幅×約30cm×3本
- 白い半パール…直径6mm×小花の数
- 白い半パール…直径13mm×1個
- ピンクの半パール…直径4mm×4個
- ラインストーン…2mm×蝶々の数
- ハートのレースペーパー…1枚
- チュールをくくる細いワイヤー…20cm×1本
- 文字プレートやバラ、蝶々、葉にぼかすアクリル絵の具(薄ピンク)
- (お好みで文字プレート用半パール必要数、円座用ラインストーン必要数)

ウエディング B
Photo…P.66

材料

●紙
- 白(アジサイ)…A4×2枚
- ※アジサイの中心に小さな穴をあけ、ボンドをつけたペップを通し、2輪ずつワイヤーをつけてフラワーテープで固定する。ワイヤーをねじりながらつなげてリースにする。
- 両面印刷パターンペーパー(ガーランド旗)…A4×1枚
- パターンペーパー(ガーランドテープ)…5mm幅×30cm
- 両面印刷パターンペーパー(バナー)…5mm幅×30cm×1本、1.5mm幅×30cm×1本、2.5mm幅×30cm×1本、4.5cm×11cm×1枚
- 厚紙(写真を貼る台紙)…10cm×14cm×1枚
- パターンペーパー(写真を貼る台紙)…A4×1枚
- 厚紙(写真を貼る台紙の台紙)…18.5cm×26.5cm×3枚
- パターンペーパー2種(写真を貼る台紙の台紙)…A4×1枚ずつ(裏表1枚ずつ)

●紙以外
- ペップ…28本
- ワイヤー(#26)…10cm×28本
- フラワーテープ(白)…適量
- フラワーネット(必要に応じて)

ウエディング C
Photo…P.66

材料

●紙 ※指定以外は薄めの紙
- 薄いピンク(台紙)…A4×1枚
- 濃いベージュ(マット、写真マット)…A4×2枚
- パターンペーパー文字 グレー(背景、写真の下)…A4×1枚、14cm×10cm×1枚
- パターンペーパー文字 ベージュ(写真の下)…14cm×10cm×1枚
- パターンペーパー ピンク花柄(写真の下)…15cm×15cm×1枚
- クリーム色(ボーダー、文字プレート)…A4×1枚

- パターンペーパー グレーチェック(ボーダー)…A4×1枚
- ピンクベージュ(マリーゴールド)…A4×1枚
- 白(小花、アスター、ハート)…A4×1枚
- 薄いオレンジ(ミニバラ)…A4×1枚
- 薄紫(ミニバラ)…A4×1枚
- オリーブグリーン(葉)…ハガキ大×1枚
- ピンク(ハート)…ハガキ大×1枚

●紙以外
- パール…6mm×17個
- アクリル絵の具 白 または ジェッソ
- インク 茶色
- クッションテープ

ウエディング D
Photo…P.67

材料

● 紙
- 厚めの白（台紙、バナー、チョウ）…A3×1.5枚
- 少し厚めのアイボリー（サークル部分）…A4×2枚
- 薄いベージュ（マット）…A3×1枚
- パターンペーパー ブルー（背景）…A3×1枚
- 濃いピンク（P.78※1のお花参照）…A5×1枚
- 黄緑（**型紙1-4**使用の花）…A5×1枚
- ネイビー（**型紙2-1**使用の花）…A5×1枚
- 薄いオレンジ（開いたバラ3、P.78※1のお花参照）…A4×2枚
- パール（マリーゴールド、ミニバラ）…A4×3枚
- 白（開いたバラ3）…A4×1枚
- 黄色（花芯）…A4×1枚
- こげ茶（花芯）…A4×1枚
- 濃緑（葉っぱ）…A4×1枚

● 紙以外
- 花形パール…3個（花芯）
- 半円パール…2個（花芯）
- ワイヤー…10㎝ 2本（バラの茎）
- リボン ブルー…70㎝ 程度
- パールコード…1.5m
- クッションテープ

ウエディング E
Photo…P.67

● 紙
- 青（**型紙2-2**を150％拡大使用の花）…A5×1枚
- 白（**型紙12-2**使用の小花、マリーゴールドと花芯、ハートの新郎、文字プレート）…A4×2枚
- 薄水色（**型紙12-3**使用の小花）…ハガキ大×1枚
- 薄よもぎ色（葉）…A5×1枚
- 金色（小花の葉）…ハガキ大×1枚
- 濃い水色（蝶々、新郎のリボン、ハートの新郎）…ハガキ大×1枚
- 肌色（ハートの新婦）…ハガキ大×1枚
- 厚紙（台紙）…30㎝×30㎝×1枚
- 柄の紙（台紙に張る紙）…30㎝×20.5㎝×1枚
- 柄の紙（台紙に張る紙）…30㎝×9.5㎝×1枚
- 薄い青（写真を貼る紙 16㎝×11㎝・16㎝×4.5㎝、写真のコーナーに貼るハートの紙）…A4×1枚
- 水色（写真を貼る紙）…13.5㎝×9.5㎝×2枚

● 紙以外
- ポップアップ用スポンジ又は厚紙…適量
- 白リボン（お花に添えるリボン）…13mm幅×約35㎝×2本
- 白リボン（台紙に貼るリボン）…1～2㎝幅×約30㎝×3本
- 白い半パール…直径6mm×小花の数
- 白い半パール…（青い花）直径13mm×3個
- 白い半パール…（ハートの新婦のネックレス）…直径2mm×12個
- 青い半パール…直径4mm×4個
- 4mmパールブレード…約16㎝×2本
- テグスパール…1本
- ラインストーン…2mm×蝶々の数
- 青いラインストーン…5mm×1個
- ラインストーン…5mm×1個
- レースペーパー…2枚
- 色鉛筆（黄色、白）
（お好みで文字プレート用ラインストーン必要数）

ハロウィン A
Photo…P.68

● 紙
- 赤（バラをアレンジ）…A4×1枚
- 黒（バラ＆つぼみ）…A4×2枚
- オレンジ（マリーゴールド）…A4×1枚
- 黒（花芯）…A4×1枚
- 濃茶（ガーベラ2）…A4×1枚
- うす茶（ガーベラ2）…A4×1枚
- 黒（**型紙5**使用の花）…A5×1枚
- 黄（花芯）…A4×1枚
- 紫（**型紙2-1**を使用のお花）…A4×1枚
- 山吹（P.78※1参照）…A4×1枚
- 水色（P.78※2参照）…A5×1枚
- 茶（花芯）…A4×1枚
- 濃ピンク、紫、黄、黒（開いたバラ3）…A5×各1枚
- 緑（葉）…A5×1枚
- 黒（葉）…A5×1枚
- 深緑（葉）…A5×1枚
- 薄茶（くい）…1.5㎝×約30㎝×3本
- 深緑（つる）…5mm幅×15㎝×6本
- 厚紙（写真を貼る台紙）…19㎝四方×1枚
- パターンペーパー（写真を貼る台紙）…A4×1枚
- 厚紙（台紙）…25.5㎝四方×3枚
- 黒（台紙用）…35㎝四方×1枚
- パターンペーパー（台紙用）…A4×1枚
- 茶色（台紙用）…A4×1枚
- 濃いピンク（台紙用）…A4×1枚
- ゴールド（台紙用）…A4×1枚

● 紙以外
- 麻ひも…50㎝
- 半球パール…3個

ハロウィン B
Photo…P.68

材料

● 紙
- オレンジ（マリーゴールドのアレンジ）…A4×1枚
- 紫（マリーゴールドのアレンジ）…A4×1枚
- 黄（花芯）…A4×1枚
- 茶色（花芯）…A4×1枚
- 濃黄（花芯）…A4×1枚
- 黒（バラ、クモ）…A4×3枚
- オレンジ（パンプキン）…A5×1枚
- 抹茶（パンプキン）…A5×1枚
- 山吹（パンプキン）…A5×1枚
- 薄緑（パンプキン）…30㎝×5mm
- 濃い紫（ロゼット）…A4×1枚
- パターンペーパー（ロゼット）…A4×1枚
- パターンペーパー（写真を貼る台紙）…A4×4種×各1枚
- 厚紙（写真を貼る台紙）…A4×2枚
- パターンペーパー（タグ）…A5×3種×各1枚
- 黒（タグ）…A5×1枚
- 黒（バナー）…2.5㎝×30㎝×1枚
- ホワイト（バナー）…1.8㎝×10㎝×1枚
- パターンペーパー（台紙）…A4×2種×各1枚
- 厚紙（台紙）…A4×1枚

● 紙以外
- リボン…オレンジ・黄・紫×各15㎝
- 動目…4個

ハロウィン
Photo…P.68

材料

● 紙
- オレンジ(カボチャ)…A4×2枚
- 黒(帽子、コウモリ、タイトル、顔)…A5×1枚
  ※カボチャなどの型紙は**67-1〜4、68**。カボチャ部分の作り方はP.64参照。
- 黄(アスターをアレンジ)…名刺サイズ
- 紫(ガーベラ2をアレンジ)…名刺サイズ
- 茶(紫の花芯)…10cm×2cm
- 薄緑(葉、つる)…名刺サイズ
- 白(タイトルバナー)…10cm×2cm
- 柄の紙(台紙)…Lサイズ

● 紙以外
- Lサイズフレーム…1個
- アクリルストーン(オレンジ)…5mm×2個
- パール…9mm×1個
- オーガンジーリボン(黒)…30cm

クリスマス A
Photo…P.69

材料

● 紙
- 桃色(ポインセチア)…A4×1枚
- 薄緑(ポインセチア)…A5×1枚
- 厚めの緑(リース台)…A4×1枚 ※**型紙75**を200%拡大
- ラメ入りピンク・青緑・水色・白・ベージュ・黄色(写真蓋・小花・丸飾り(直径1cm×4枚))…ハガキ大×各1枚
- ラメ入り赤(丸飾り(直径1.5cm×3個・直径2cm×2個))…ハガキ大×1枚
- 厚め白(タイトル)…ハガキ大×1枚

● 紙以外
- パール…直径10mm・8mm・6mm×各1個、直径4mm×3個、直径2mm×3個
- 黄色ストーン…直径8mm×2個、直径6mm×1個
- ラインストーン…直径4mm×3個、直径3mm×5個、直径2mm×5個
- 茶系リボン二色…各50cm
- 割ピン…6個

クリスマス B
Photo…P.69

材料

● 紙
- ラメ入り赤色(ポインセチア・写真を貼る紙)…A4・A5×各1枚
- ラメ入り緑色(ポインセチア・ヒイラギ・写真を貼る紙)…A4×1枚
- 光沢のある緑色(オーナメント)…ハガキ大×1枚
- 光沢のある黄色(オーナメント)…ハガキ大×1枚
- 光沢のあるピンク(オーナメント)…ハガキ大×1枚
- ラメ入りクリーム色(オーナメントヘッド)…ハガキ大×1枚
- ゴールド(オーナメントヘッド・文字・プレゼントのリボン)…ハガキ大×1枚
- ラメ入り白色(葉・プレゼントのリボン)…A5×1枚
- 茶色(シナモン)…A5×1枚
  ※紙を5〜6cm四方に切って、色鉛筆で筋を入れ、くるくる巻いて糊づけし、麻ひもで結ぶ。
- こげ茶(松ぼっくり)…A4×1枚
  ※**型紙11**を10枚切って、白い絵の具でふちを塗り、内巻きなどしてポップアップさせながら貼り重ねる。
- 厚め白色(タイトル・ジャーナル用直径5cm)…ハガキ大×1枚
- 柄の紙・ラメ入り青緑(プレゼント)…少々
- 厚めのパターンペーパー(台紙)…A4

● 紙以外
- ラインストーン…4mm×4個、3mm×4個、2mm×4個
- 茶色のワイヤー…22号or24号×1本
- レースペーパー…直径10cm・直径15cm×各1枚
- 白チュール…ハガキ大
- パール…直径8mm×3個・直径4mm×3個
- 麻ひも…50cm
- リボン赤…1m、シフォン…1m
- ブリオンチェーン シルバー…50cm、ゴールド…15cm

子どもたちのお祝い A
Photo…P.70

材料

● 紙
- 濃ピンク(八重桜)…A4×1枚
- 薄ピンク(**型紙13**使用のお花)…ハガキ大×1枚
- 渋ピンク(**型紙13**使用のお花)…ハガキ大×1枚
- ラメ入り白(チョウ)…ハガキ大×各1枚
- 薄緑・薄黄色・薄紫・薄水色・白(小花)…ハガキ大×各1枚
- 白(タイトル用)…ハガキ大×1枚
- 黄色(タイトル用台紙)…ハガキ大×1枚
- ベージュピンク(写真台紙・ジャーナル用)…A4×1枚
- 厚手トレーシングペーパー(蝶)…ハガキ大×1枚
- パターンペーパー(台紙)…A4

● 紙以外
- 黄色ストーン…直径3mm×7個
- ラインストーン…直径3mm×5個
- レースペーパー×直径10cm×2枚

子どもたちのお祝い B
Photo…P.70

● 紙
- レモン(タンポポ)…15mm×40cm×2枚、20mm×40cm×2枚
- 黄色(タンポポ)…15mm×40cm×2枚、20mm×40cm×2枚
- 青竹(たんぽぽ茎)…3mm×10cm×4枚
- 青竹(葉:型紙28)…ハガキ大×1枚
- ライトグリーン(葉:型紙28)…ハガキ大×1枚
- 黄色/レモン/白(ちょうちょ)…ハガキ大×各1枚
- 白(くまさん・鼻)…ハガキ大×1枚
- からし色(くまさん・鼻以外)…A5×1枚
- ミント(写真のマット)…11cm×16cm
- 厚紙(アルバム表紙、裏表紙)…A5×2枚
- パターンペーパー(黄緑水玉柄:アルバム表紙、裏表紙)…A4×2枚 ※厚紙をくるむ。
- スノーホワイト(ジャバラアルバム台紙)…20cm×84cm ※6等分に蛇腹に折り、表紙・裏表紙をつける。

● 紙以外
- ポップアップシール

子どもたちのお祝い C
Photo…P.70

● 紙
- 薄ピンク(マリーゴールド)…A4×1枚
- ピンク(マリーゴールド中心)…A5×1枚
- 渋ピンク(花型)…ハガキ大×1枚
- 黄色・白・水色(花束)…ハガキ大×各1枚 ※型紙16-1で切った紙のまん中に小さな穴をあける。ビーズにワイヤーを通し、紙にあけた穴のところにボンドをつけてワイヤーを通す。何本か用意し花束にする。
- 薄黄色(ジャーナル用・花型)…ハガキ大×1枚
- 黄緑(ジャーナル用・葉)…ハガキ大×1枚
- オレンジ・薄黄色・紫・薄紫・水色・薄水色・白・ピンク・その他お好きな色(小花)…ハガキ大×各1枚
- 薄ピンク(飾り)…A5×1枚
- パターンペーパー(チェック柄飾り)…A5×1枚
- 薄緑(台紙)…A4×1枚 ※型紙70-2を200%拡大
- 文字パターンペーパー(台紙)…A4×1枚 ※型紙70-1を200%拡大
- ドット柄パターンペーパー(台紙)…A4×1枚 ※型紙70-1を200%拡大

● 紙以外
- ビーズ…直径4mm程度×5個ずつ(白・薄黄色)
- 白色ワイヤー…22号または24号×1本
- ラインストーン・パール…少量

七五三 A
Photo…P.71

● 紙
- 藤(型紙2各種使用のお花)…A4×1枚
- えんじ(マリーゴールド)…A4×2枚
- 栗色(マリーゴールドの花芯)…A4×1枚
- ブルー(ペーパータッセル)…2cm×10cm×1枚、9cm×50cm×1枚 ※2cm×10cmの紙を5mm幅に細長く折っていきボンドでとめて半分に折り、タッセル用のひもを作る。タッセルはP.14のシングルフリンジ参照。
- ゴールド(ペーパータッセルのライン用)…5mm×5cm程度×1枚
- スノーホワイト(753タイトル)…ハガキ大×1枚
- ゴールド(6角形)…ハガキ大×1枚
- 薄黄緑(6角形)…ハガキ大×1枚
- すな色(6角形)…A5×1枚
- すな色(台紙)…A4×1枚
- チタン(写真のマット)…12cm×17cm×1枚
- パターンペーパー(英字柄)(台紙)…20cm×28.5cm×1枚
- パターンペーパー(チェック)(台紙の模様)…5cm×20cm程度×2枚

● 紙以外
- ポップアップシール
- 水引(淡金)…90cm×2本
- 半球パール黒…直径11mm×6個
- スパンコール…少量

七五三 B
Photo…P.71

● 紙
- もえぎ色(型紙2各種使用のお花)…A4×1枚
- レモン色(マリーゴールド)…A4×2枚
- オレンジ色(花芯)…A4×1枚
- うすももいろ(ペーパータッセル)…2cm×10cm×1枚、9cm×50cm×1枚 ※七五三Aのペーパータッセル参照。
- ゴールド(ペーパータッセルのライン用)…5mm×5cm程度×1枚
- スノーホワイト(753タイトル)…ハガキ大×1枚
- ゴールド(6角形)…ハガキ大×1枚
- 朱色(6角形)…A5×1枚
- 朱色(台紙)…A4×1枚
- ブドウ色(写真のマット)…12cm×17cm×1枚
- パターンペーパー(台紙)…20cm×28.5cm×1枚
- パターンペーパー(台紙の模様)…5cm×20cm程度×2枚

● 紙以外
- ポップアップシール
- 水引(アルミ金)…90cm×2本
- 半球パール黒…直径11mm×6個
- スパンコール…少量

パーティースクラップブッキング

お誕生日パーティーや友達とのイベントパーティなど、
楽しかったひと時をスクラップブッキングに。

パーティー A
Photo…P.78

●紙
- オレンジ(花※1)…A4×1枚
- 空青(花※2)…A4×1枚
- 濃茶(花芯)…A4×1枚
- 薄青(花※2)…A4×2枚
- 薄茶(花芯)…A5×1枚
- 空青(気球)…ハガキ大×1枚
- 黄緑(気球)…ハガキ大×1枚
- 紫(気球)…ハガキ大×1枚
- 薄青(気球)…ハガキ大×1枚
- 空青(風船)…ハガキ大×1枚
- 黄緑(風船)…ハガキ大×1枚
- 紫(風船)…ハガキ大×1枚
- 薄青(風船)…ハガキ大×1枚
- すすき(くま)…A4×1枚
- はだ(くま)…ハガキ大×1枚
- 黒(くま)…ハガキ大×1枚
- きいろ(あじさい)…A5×1枚
- みどり(葉)…A4×1枚
- オレンジ(ロゼッタ)…ハガキ大×1枚
- こげ茶(文字)…ハガキ大×1枚
- 白(文字プレート、雲)…ハガキ大×1枚
- 厚めの茶色(台紙)…A4×1枚
- パターンペーパーみどり水玉(バック)…A4×1枚
- パターンペーパー水色ストライプ(バック)…A4×1枚
- パターンペーパー黄色水玉(ロゼッタのリボン)…A5×1枚

※1 型紙2-2を2枚、花びらをU字巻きにし、ずらして貼り合わせる。花芯はダブルフリンジ。

※2 型紙3-1を2枚、3-2を1枚、花びらを山折りしてから左右内巻きにし、ずらして貼り合わせる。花芯はシングルフリンジ。

●紙以外
- 白ワイヤー(気球)…1cm×3本
- 白ワイヤー(風船)…10cm
- リボン水色(風船)…25cm
- リボンきいろ(くま)…25cm
- ラインストーン水色…必要数

パーティー B
Photo…P.78

●紙
- 薄紫(マリーゴールド)…A4×2枚
- ピンク(開いたバラ3)…A4×2枚
- 濃茶(花芯)…A4×1枚
- 薄黄色(※パーティーAの※1参照)…A4×1枚
- 薄茶(花芯)…A5×1枚
- 白(型紙2-3使用のお花)…A5×1枚
- クリーム色(型紙16-1使用のお花)…ハガキ大×1枚
- 濃緑(葉)…A5×1枚
- 薄緑(葉)…A5×1枚
- 白(ちょう)…ハガキ大×1枚
- 茶色(文字プレート)…ハガキ大×1枚
- 白(文字プレート)…ハガキ大×1枚
- 白(土台)…A4×1枚
- こげ茶(写真台紙)…A5×1枚
- パターンペーパーピンク柄(バック)…A4×1枚
- パターンペーパー水色柄(バック)…A5×1枚
- パターンペーパー薄茶文字(バック)…A5×1枚

●紙以外
- 半パール…必要数
- レースリボンベージュ(写真飾り)…25cm
- リボン緑(写真飾り)…25cm×2
- リボン黒白チェック(飾り)…25cm
- パールブレード(飾り)…40cm
- レースペーパー(バック)…1枚

花図鑑&型紙

バラ

1 型紙3-1を6枚写し、カットする。

2 1枚を、花びらを折り上げてから左右斜め内巻きにし、それぞれの花びらの左端のほうにボンドを少しつける。

3 ボンドをつけた部分を、隣の花びらに貼る。

4 もう一枚同じ巻き方をして、3で作ったものを底を合わせて貼る。ボンドが固まったら、2と同様に花びらの端にボンドをつけて、中心から少しすき間をあけて隣の花びらに貼る。

5 1枚を、花びらを左右斜め内巻きにして、片側の端を斜め外巻きにする。4で作ったものを、底を合わせて貼り、斜め外巻きにした側の下のほうにボンドをつけ、隣の花びらに貼る。

6 残りの3枚の花びらを折り上げ、2枚をいろいろな巻き方にし、1枚を外巻きにする。

7 5で作ったものに、6で作ったいろいろな巻き方にした1枚を、底を合わせて貼り、花びらの下のほうにボンドをつけて、5に貼りつける。

8 残りの2枚は、花びらが重ならないよう、ずらしながら同じように貼る。

開いたバラ1

1 型紙3-1を4枚、3-3を2枚写し、カットする。

2 大きいほうの2枚を、花びらを折り上げてから外巻きや斜め外巻きにし、花びらが互い違いになるように中心部分を貼り合わせる。

3 大きいほうの残りの2枚を、花びらを折り上げてからいろいろな巻き方にして貼り合わせる。これを2の上に貼る。小さいほうの2枚も同様にして一番上に貼る。

4 7cm×8mmの紙でダブルフリンジの花芯を作り(P.15参照)、中心に貼る。

開いたバラ2

1 型紙7を6枚写し、カットする。

2 2枚を、花びらを折り上げてから左右斜め内巻きにし、花びらが互い違いになるように中心部分を貼り合わせる。

3 残りの4枚を、いろいろな巻き方にする。

4 3で作ったものを、花びらが重ならないようずらして貼り合わせる。これを2で作ったものの上に貼り、7cm×8mmの紙でダブルフリンジの花芯を作り(P.15参照)、中心に貼る。

開いたバラ3

1 型紙3-1を4枚、2-3を2枚写し、カットする。

2 大きいほう4枚の花びらを、全てS字巻きにし、花びらが重ならないようずらして中心を貼り合わせる。

3 小さいほう2枚は、どちらも花びらをU字巻きと逆U字巻きを交互にし、花びらをずらして貼り合わせ、2で作ったものに貼る。

4 7cm×8mmの紙でダブルフリンジの花芯を作り(P.15参照)、中心に貼る。フリンジはあまり広げないようにする。

開いたバラ4

1 型紙4-1と4-2をそれぞれ4枚ずつ写し、カットする。

2 カットした大小各4枚すべて、花びらを折り上げてから、全ての花びらをU字巻きにする。

3 大きいものは大きいもので4枚、小さいものは小さいもので4枚、花びらが重ならないようにずらして貼り重ねる。小さいほうを大きいほうの中心に貼る。

4 1cm×20cmの紙でシングルフリンジの花芯を作り、3で作ったものの中心に貼る。(P.14参照)

開いたバラ5

1 型紙6-1を2枚、6-1を110%に拡大したものを2枚、6-1を140%に拡大したものを4枚写しカットする。すべてU字巻きにする。

2 大きいほうから順に、下から花びらが重ならないようにずらして貼り重ねる。

3 型紙2-3を2枚写し、カットする。それぞれの花びらの中央に切り込みを入れる。

4 3をランダムに内巻き外巻きにして、重ねてずらして貼り、中央に黒いパールを貼り、2の中心に貼る。

ミニバラ

1 型紙1-3を6枚写し、カットする（さらに小さいミニバラを作るときは、型紙1-4を使う）。

2 カットした6枚のうちの1枚の花びらを、目打ちの先に巻きつけるようにして細く巻き、巻き戻らないように糊づけして止める。残りの花びらはU字巻きにする。

3 2で細く巻いた花びらの隣り合っていない花びらから、細く巻いた花びらを包むように巻き糊づけし、ほかの花びらも包むように糊づけする。

4 2枚は花びらをU字巻きにしてから左右を少し外巻きにする。中央に3で作ったものをのせ、ボンドをつけて包むように花びらを立てる。もう1枚も同様にする。

シャクヤク

1 型紙7を8枚、2-2を2枚写し、カットする。

2 大きいほう2枚の花びらを、軽く内巻きにして、花びらが互い違いになるように中心部分を貼り合わせる。

5 残りの2枚は、花びらを立ち上げてから外巻きにし、花びらをずらして重ねて貼り、その中央に、先に作ったものを貼る。

3 大きいほう2枚を、花びらを折り上げてから左右斜め内巻きにし、花びらが互い違いになるよう貼り合わせる。

4 大きいほうの残り4枚を、いろいろな巻き方をする。

5 4で作ったものを、花びらが重ならないようずらして貼り合わせ、下から2、3、4の順に貼る。

6 小さいほう2枚は、どちらも花びらをU字巻きと逆U字巻きを交互にし、花びらをずらして貼り合わせ、すぼめるようにして5で作ったものの中心に貼る。

カーネーション1

1 型紙4-1を5枚写し、カットする。

2 4枚を、花びらを折り上げてからS字巻きにし、花びらが重ならないようずらして貼り合わせる。

3 残りの1枚は花びらが3枚と2枚に分けるように切り、まん中を写真のようにくり抜く。片方をS字巻きにし、もう片方を逆S字巻きにする。

4 3で作ったものの下端にボンドをつけ、2の中心に、花びらが重ならないようにすぼめて貼り入れる。

カーネーション2

1 型紙17-1を6枚写してカットする。

2 U字、逆U字、S字、逆S字をランダムに巻く。

3 4枚を花びらをずらして重ねて貼る。ほか2枚は半分に切る。

4 半分に切った花びらを丸めるようにして、下にボンドをつけてまん中に貼りつける。

ダリア1

1 型紙9-1を6枚、9-2を2枚、9-3を2枚写し、カットする。

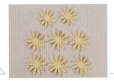
2 一番小さいもの2枚以外を全て、花びらを折り上げてからU字巻きにする。

3 2の8枚を、花びらが重ならないようにずらして貼り合わせる。大きいほうを下にする。

4 小さな2枚を、花びらを折り上げてから内巻きにし、花びらが互い違いになるように貼り合わせ、3で作ったものの中心に貼る。

ダリア2

1 型紙2-1を6枚写し、カットする。

2 6枚の花びら全て折り上げ、それぞれ交互に山折り、谷折りにする。

3 山折りは逆U字、谷折りはU字のカーブを軽くかけ、花びらが重ならないように、6枚をずらして貼り合わせる。

4 7cm×8mmの紙でダブルフリンジの花芯を作り(P.15参照)、中心に貼る。

ガーベラ1

1 型紙8-1を4枚、8-2を2枚写し、カットする。

2 6枚を全て、花びらを折り上げてからU字巻きにする。

3 大きいほうを下にして、ずらして貼り重ねる。

4 花と同じ紙4cm×1.2cm、中心用の紙7cm×8mmでダブルフリンジにする。中心用の紙を巻いたあと、花と同じ紙を巻きつけ、目打ちで軽くカーブをつけ、中心に貼る。

ガーベラ2

1 型紙9-1を4枚、9-2を2枚写し、カットする。9-1を4枚だけで作ってもよい。

2 6枚を全て、花びらを折り上げてからU字巻きにする。

3 2の6枚を、花びらが重ならないようにずらして貼り合わせる。大きいほうを下にする。

4 10cm×1cmの紙でダブルフリンジの花芯を作り(P.15参照)、中心に貼る。

ひまわり1

1 型紙10を2枚写し、カットする。

2 1枚は、外巻き・斜め外巻きにする。もう1枚は、外巻き・斜め外巻き・2枚だけ内巻きにして、花びらが互い違いになるように重ねる。

3 40cm×1cmの紙でダブルフリンジの花芯を作り(P.15参照)、中心に貼る。

ひまわり2

1 型紙9-2を2枚、9-1を2枚写し、カットする。スポンジを使って、白い絵の具などで着色すると雰囲気がでる。

2 4枚ともすべての花びらを立ち上げてから外巻きにする。

3 大きいほう2枚、小さい方2枚をそれぞれ花びらが重ならないようにずらして貼り重ねる。さらに大に小をずらして貼り重ねる。

4 1cm×16cmの紙でシングルフリンジの花芯を作り、4で作ったものの中心に貼る(P.14参照)。

 アンスリウム	 1 型紙19を200%に拡大したものを1枚写し、カットする。	 2 半分に折ってから山折りのほうに葉脈をつける(P.16参照)。	 3 裏返して、丸箸などで軽く左右を外巻きにする。	 4 黄色い紙粘土を使うか、白い粘土に黄色いアクリル絵の具などを混ぜこんだもので、長さ3cmほどの細長い棒を作り、目打ちでポツポツ穴をあけ、固まったらボンドで花に貼る。
カラー	 1 型紙36-1を200%に拡大したものを1枚写し、カットする。写真のように、裏表に色をぼかすと雰囲気がでる(P.16参照)。	 2 花型の下半分くらいを左右斜め内巻きにした後、片端を斜め外巻きにする。	 3 2で作ったものを円錐形になるように貼り、てっぺんを軽く外巻きにする。	 4 黄色い紙粘土を使うか、白い粘土に黄色いアクリル絵の具などを混ぜこんだもので、長さ4cmほどの細長い棒を作り、固まったらボンドで円錐の中に貼る。
 プルメリア	 1 型紙20を5枚写し、カットする。写真のように色をぼかすと雰囲気がでる(P.16参照)。	 2 全ての花びらの片端(下半分くらい)を数mm内側にカールさせ、上の方は軽く外巻きにする。	 3 花びらを写真のように5枚貼り合わせる。	 4 3で貼りつけたボンドが完全に固まったら、両端を貼り合わせる。
 モカラ	 1 型紙18-1と18-2を1枚ずつ写し、カットする。	2 大きいほうの花びらを全て、花びらを折り上げてから逆U字に巻く。小さいほうは全て内巻きにし、中心に貼る。		
 ジャスミン	 1 型紙15-1を5枚写し、カットする。	 2 花びらを折り上げてから、外巻きにする。	 3 8cmほどのワイヤー(#22前後)を軽く曲げておき、お花をグルーガンで貼っていく。	
 マーガレット	 1 型紙17-1を2枚写し、カットする。	 2 花びらを折り上げてから、U字巻きと逆U字巻きを交互にする。	 3 花びらが互い違いになるように中心部分を貼り合わせる。	 4 8cm×1cmの紙でダブルフリンジの花芯を作り(P.15参照)、中心に貼る。
 八重桜	 1 型紙13-1を2枚、13-2、13-3、13-4を1枚ずつ写し、カットする。	 2 全て花びらを折り上げて、斜め左右外巻きにする。	 3 大きいものを互い違いに貼り、残りはずらして貼る。	

 トルコキキョウ	 **1** 型紙7を150%に拡大したものを3枚写し、カットする。1枚につき2、3枚の花びらの縁に、薄茶色などをぼかすと雰囲気がでる（P.16参照）。	 **2** 3枚全てを、左右斜め内巻きにしたあと、花びらを写真のように斜め外巻きにする。内巻きになっている側の下のほうにボンドをつけ、隣の花びらの上に貼る。	 **3** 底と花びらの下のほうにボンドをつけて、別の1枚の中心に、花びらが重ならないようにずらして貼る。もう1枚も同様にする。	 **4** 黄色い紙粘土を使うか、白い粘土に黄色いアクリル絵の具などを混ぜこんだもので、高さ5ミリほどの楕円を3つ作り、固まったら花の中心に貼る。
 アジサイ	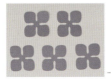 **1** 型紙14-1を5枚写し、カットする。	 **2** 花びらを折り上げてから、ランダムに外巻きや内巻き、斜め外巻きや斜め内巻きにする。	 **3** 10cm×1cmのタイトサークルを作る（P.14参照）。型紙を拡大した大きなアジサイの花も、この大きさのタイトサークルを使用。	 **4** グルーガンやボンドで、まずはてっぺんに1個つける。側面は、対角線上に2つ貼ってから、あいたところに1つずつつける。
 ツバキ	 **1** 型紙6-1を1枚写し、カットする。	 **2** 花びらを折り上げてから、軽く左右に内巻きにし、左端にボンドをつけて、隣の花びらの上に貼る。	 **3** 写真を参考に、花びらの先をカーブさせる。	 **4** 20cm×1cmの紙の上端の裏表を黄色い色鉛筆で塗り、下幅3mmくらいを残してフリンジに切る。細い棒に巻き、巻き終わりをボンドでとめる。軽く内巻きにし、まん中に少々倒す。お花の中心に貼る。
 梅	 **1** 型紙1-4を22枚写し、カットする。花びらを折り上げてから、内巻きと外巻きを交互にし、2枚ずつ花びらが互い違いになるように中心部分を貼り合わせる。11個作る。	 **2** 中心用に5mm×3cmの紙を11本、それぞれシングルフリンジの花芯を作る（P.14参照）。放射状に折り曲げ、花の中央に貼り、その上に直径4mmのラインストーンを貼る。	 **3** 全て2.5cm幅で、長さ4cmを4枚、9cmを1枚、8cmを1枚用意。それぞれ端から細く折っていきボンドでとめる。あちこち軽く曲げて枝っぽく貼り合わせる。	 **4** 白い紙粘土に赤いアクリル絵の具を混ぜこんで、少し濃いめのピンクを作る。5～6mmの球（ウメのツボミ）を8個作る。写真を参考に花とツボミを枝に貼る。
 マリーゴールド	 **1** 型紙17-1を4枚、17-2を2枚写し、カットする。花びらの縁に白やクリーム色をぼかすと雰囲気がでる（P.16参照）。	 **2** 大4枚を花びらを折り上げてから、ランダムにS字巻き、逆S字巻き、U字巻き、逆U字巻きにする。小2枚は、花びらを折り上げてから、ランダムにU字巻き、逆U字巻きにする。	 **3** 大きいほう4枚、小さいほう2枚をそれぞれ貼り合わせ、ボンドが固まったら、小さいほうを大きいほうの中心に貼る。	 **4** 10cm×1cmの紙でダブルフリンジの花芯を作り（P.15参照）、中心に貼る。フリンジはあまり広げないようにする。
 かすみ草	 **1** 型紙16-1を8枚写し、カットする。	 **2** 花びらを内巻きにする。クッションのあるものの上で、丸箸の先の丸いものでクルクルと滑らせるようにすると、簡単に花びらが立ちあがる。	 **3** 2で、カーブをつけた花びらの中央に、目打ちで小さな穴をあける。	 **4** 地巻きワイヤーの先を丸め、3で作った花を1枚通す。ワイヤーの先の丸めた部分に糊をつけ、花びらを留める。その上に、ラインストーンを貼る。残りの7枚もワイヤーに通して糊づけする。

マツバボタン

1 型紙1-3を2枚写し、カットする（小さいサイズにするときは、型紙1-4を使う）。

2 2枚とも、花びらを折り上げてから、S字巻きにする。

3 2で作ったものを、花びらが重ならないようにずらして貼り重ねる。

4 7mm×5cmの紙でシングルフリンジ（P.14参照）の花芯を作り、3で作ったものの中心に貼る。

アスター

1 型紙9-2を2枚写し、カットする。

2 2枚ともすべての花びらを立ち上げてから、内巻きにする。

3 2で作ったものを、花びらが重ならないようにずらして貼り重ねる。

4 6mmのパールを3個、3で作ったものの中心に貼る。

つきみ草

1 型紙6-2を4枚写し、カットする。ピンクのインクや絵の具をスポンジにつけ、4枚すべての花びらの中央部分にポンポンとつける。

2 4枚ともすべての花びらを立ち上げてから、波形巻きにする。

3 2で作ったものを、花びらが重ならないようにずらして貼り重ねる。

4 中央にパールを貼る。

フリルフラワー

1 型紙4-1、4-2をそれぞれ4枚写し、カットする。

2 8枚すべて、花びらを折り上げてから、すべての花びらを波形巻きにする。

3 大きいほう4枚、小さいほう4枚を、それぞれ花びらが重ならないようにずらして貼り重ねる。4枚貼り重ねた大きいほうの上に、小さいほうを重ねて貼る。中央にパールを貼る。

カンパニューラ

1 型紙3-2を1枚写し、カットする。花びらを折り上げてからU字巻きにする。

2 花びらの端に少しボンドをつけ、花びらを立て、つぼんだ形にする。

3 1.5cm（幅）×1cm（高さ）の紙でシングルフリンジの花芯を作り、2で作ったものの中央に貼る。

ポインセチア

1 型紙11を2枚、11を120%に拡大したものを4枚写し、カットする。

2 6枚をすべて、花びらを山折にして左右外巻きにする。

3 拡大したもの4枚、等倍のもの2枚をそれぞれ、花びらが重ならないように貼り重ねる。

4 大きいものの上に小さいものを貼り、中心にパールを3個貼る。

アネモネ

1 型紙1-1、1-1を140%に拡大したもの、1-2、それぞれを4枚写し、カットする。

2 12枚を全て、花びらを折り上げてから内巻きにする。

3 大きいほうから順に花びらが重ならないようにずらして貼り合わせる。

4 中心にパールを3個貼る。

型紙（実物大）ご使用方法は P.10「紙に型紙を写して切る」をご参照下さい。

※コピーは個人的な趣味の範囲でご利用ください。

型紙（実物大） ご使用方法は P.10「紙に型紙を写して切る」をご参照下さい。

型紙(実物大) ご使用方法はP.10「紙に型紙を写して切る」をご参照下さい。

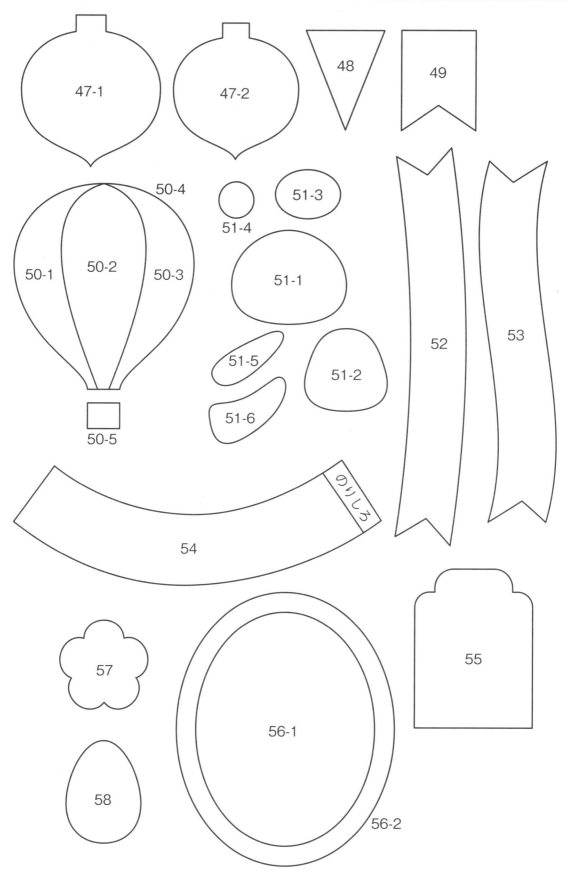

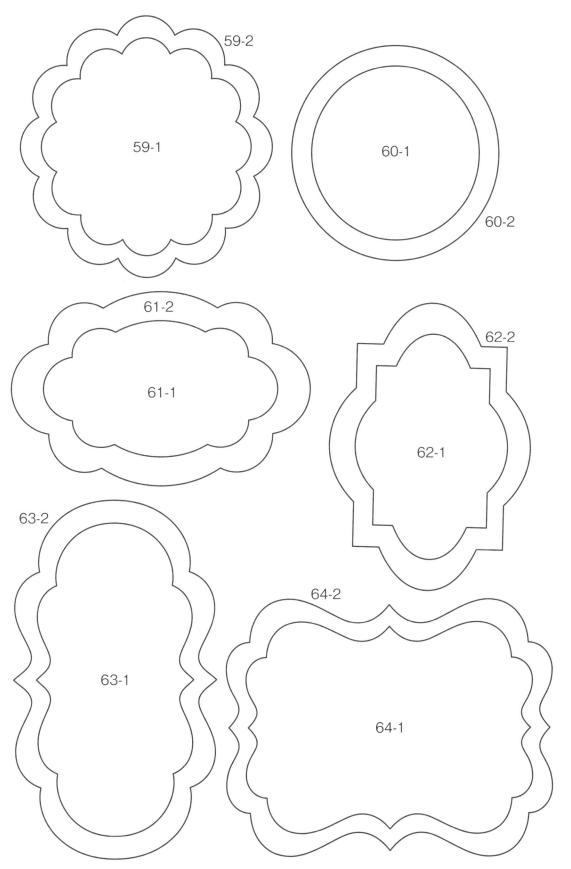

型紙（実物大） ご使用方法はP.10「紙に型紙を写して切る」をご参照下さい。

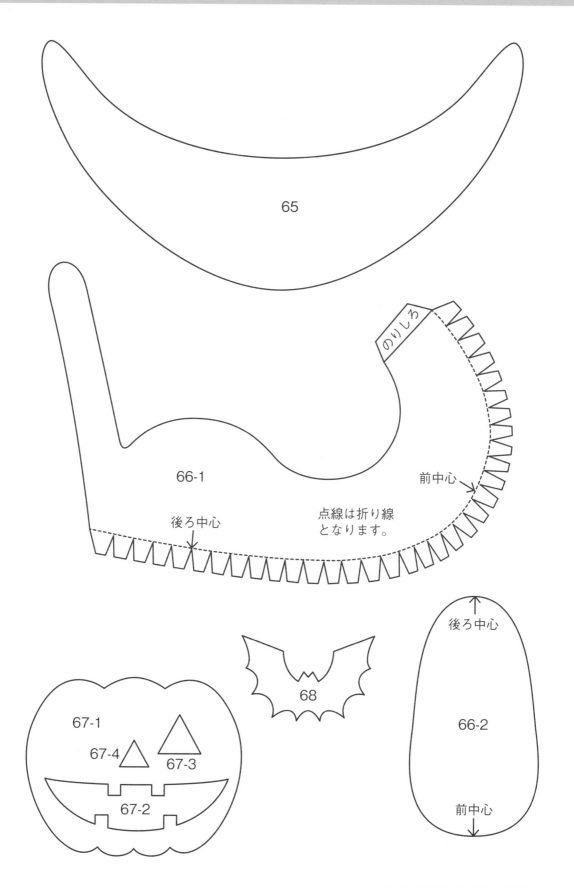

型紙（実物大） ご使用方法は P.10「紙に型紙を写して切る」をご参照下さい。

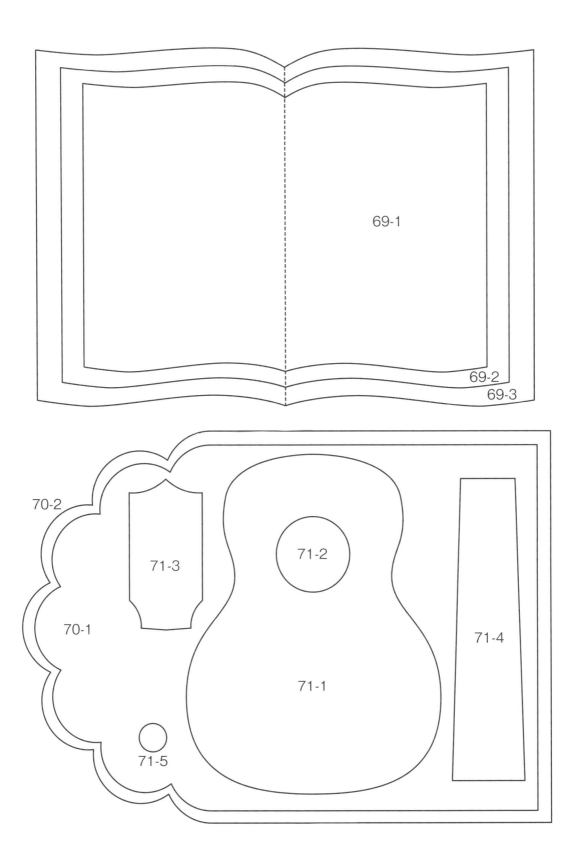

※コピーは個人的な趣味の範囲でご利用ください。

型紙（実物大） ご使用方法はP.10「紙に型紙を写して切る」をご参照下さい。

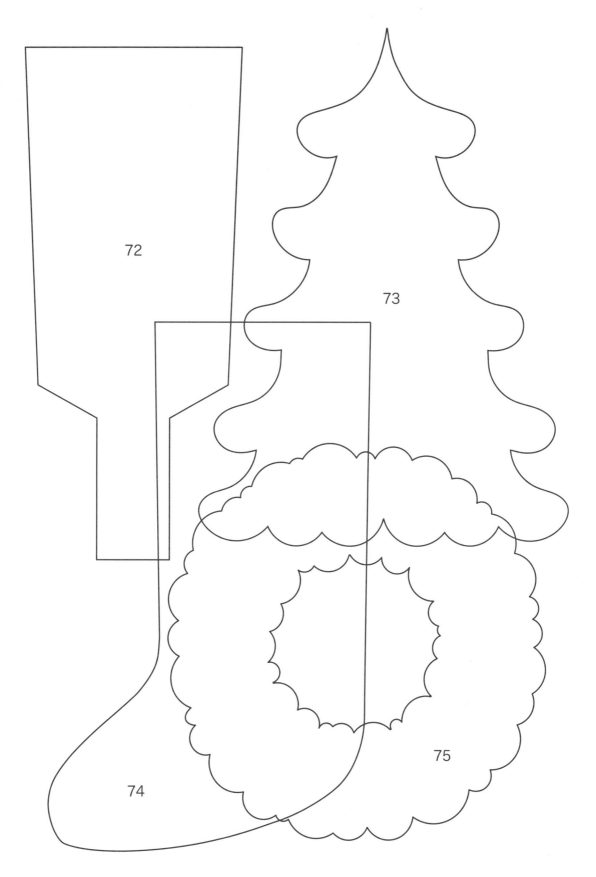

※コピーは個人的な趣味の範囲でご利用ください。

おわりに

「ペーパーフラワーとスクラップブッキング」いかがでしたか。
今回は過去の出版本のフラワーをはじめリクエストの非常に多かったスクラップブッキングへの取り入れ方も掲載いたしました。

ぜひ、皆さんがお作りになった作品をSNS発信されるときには、「#日本ペーパーアート協会」とハッシュタグをおつけください。協会公式HPのほうに掲載させていただきます。

本書をきっかけとして皆さまの日常に、クラフトワークセラピー・工芸作業療法として手作りにおける癒しの力を少しでも取り入れていただけたら、大変うれしく思います。

ご質問やお問合せは、ぜひ日本ペーパーアート協会へご連絡くださいませ。

最後になりますが、協会監修本4冊目になる本書の出版をいつも支えてくださる日東書院本社様、ペーパークラフト・ペーパーアート作品のフォトスタイリング、撮影に多大なるお力添えをいただきました(株)フォトスタイリングジャパン・フォトスタイリスト窪田千紘様、フォトグラファー南都礼子様、事務局長原田容子様、デザイナーの前田利博様、皆さまには心より感謝お礼を申し上げます。
多くの方のご支援があったからこそ協会に所属する認定講師が活躍に結びつくステージが少しずつ拡がってまいりました。

協会設立5周年を記念して多くの方々のリクエストを本という形で皆様のお手元にお届けできたことに感無量でございます。本当にありがとうございました。

今後とも、所属の認定講師をはじめ一般社団法人日本ペーパーアート協会の成長を温かく見守っていただけますことをお願いいたします。

一般社団法人日本ペーパーアート協会®
代表理事　栗原真実

監修プロフィール
一般社団法人 日本ペーパーアート協会®
代表理事　栗原真実　前田京子　友近由紀

「もっと楽しく、そして元気に」を理念に掲げ、ペーパーアートを通じて温かい手作りの癒しの力・脳活性化力UP・笑顔になるヒントをお届けする講座を行っている。
講座内容は「ペーパーアート講師認定講座」「クラフトワークセラピスト認定講座」を主軸として、技術とメンタル面から指導サポートをし、起業から教育・介護・医療現場で活躍できる講師を育成している。
特に、起業を目指しているハンドメイド作家さんには資格取得後、専門的な起業継続支援を含め、初心者でも安心でさまざまなバックアップ・フォロー体制で多方面に活躍できる講師を数多く送り出している。
ホームページ　http://paper-art.jp

STAFF

制　　　作	栗原真実　前田京子　友近由紀
	大川めぐみ　沖津香奈子　神戸ゆみ　立川京子　土居あきよ
	中村弥生　堀井みそぎ　松田友希　三浦ともみ
	sachiko matsumura(豊中Bolge)
スタイリング	窪田千紘(株式会社フォトスタイリングジャパン)
グラビア撮影	南都礼子(株式会社フォトスタイリングジャパン)
制 作 協 力	原田容子(株式会社フォトスタイリングジャパン)
医療アドバイザー	根本貴祥医師
プロセス撮影	相築正人
ブックデザイン	前田利博(有限会社スーパービッグボンバー)
編　　　集	大野雅代(クリエイトONO)

[読者の皆様へ]
本書の内容に関するお問い合わせは、お手紙かメール(info@TG-NET.co.jp)にて承ります。
恐縮ですが、電話でのお問い合わせはご遠慮ください。

ペーパーフラワーとスクラップブッキング

2018年2月20日 初版第1刷発行
2019年7月20日 初版第2刷発行
監修者　一般社団法人 日本ペーパーアート協会®
発行人　穂谷竹俊
発行所　株式会社日東書院本社

〒160-0022 東京都新宿区新宿2丁目15番14号 辰巳ビル
TEL:03-5360-7522(代表)
FAX:03-5360-8951(販売部)
URL:http://www.TG-NET.co.jp

印刷所　三共グラフィック株式会社
製本所　株式会社宮本製本所

本書の無断複写複製(コピー)は、著作権法上での例外を除き、著作者、出版社の権利侵害となります。乱丁・落丁はお取り替えいたします。小社販売部までご連絡ください。

©Japan Paperart Association 2018,Printed in Japan
ISBN 978-4-528-02182-2　C2077